ベジカフェ「fluun

\ 家庭で楽しむ /

ヴィーガンレシピ

Fluunt KOFU（フルウント甲府）

著 **平野由布** *Yu Hirano*

徳間書店

まえがき

　私たちのお店「Fluunt KOFU」（フルウント甲府）は、山梨県の甲府中央商店街ダイヤコリド名店街の一角にあります。
「ワクワク感を大切に。ヘルシー＆ピースフル」をコンセプトに、さまざまなバックグラウンドを持ったお客様にヴィーガン料理を提供しています。

　ヴィーガン料理と聞くと、堅苦しいイメージを抱く方もいるかもしれません。制限の多い食事は、確かになじみのない方にとっては難しい一面もあるかと思います。

　一方、その制限があることにより、多くの人が同じ食卓を囲めるようになるという点で、実はヴィーガン料理は懐の広いおおらかな料理ともいえるのではないでしょうか。

　さて、私は小さなころから食いしん坊で、外国の料理本やハーブ図鑑が大好きでした。図書館から借りてきた本のページをめくっては、食べたことも見たこともない料理や食材にうっとりと思いを馳せたものです。そのワクワクは止まることなく、近所の商店で手に入る材料と自宅の庭でとれるハーブ、そして想像力を駆使し、自分なりの料理の探求が始まりました。今思うと、私のもどき料理の原点はここにあるのかもしれません。

　成長して東京のフレンチレストランで働いていた私がヴィーガン料理の道を選ぶことになったのは20年近く前のこと。これまでたくさんの人や物事に支えられ、大好きな料理と向き合ってきました。本書はそんな私の初めてのレシピ本です。

　気取らない普段の料理から、おもてなしにも使える料理、ヴィーガン料理初心者さんでもチャレンジしやすい料理まで、お店のコンセプトと同様にワクワクするようなメニューをこの一冊に詰め込みました。

　人気メニューや料理教室で好評のレシピのほか、スタッフと食べるまかないごはんや家の食卓に登場するメニューも掲載しています。また、ヴィーガン料理によく使う食材の調理のポイントや、素材の持ち味をぐんと引き出すコツなども紹介しています。

　この本を手に取ってくださったみなさんが自由にヴィーガン料理の世界を楽しみ、ご自身のペースで生活に取り入れてくださると幸いです。

2021年8月　Fluunt KOFU 平野由布

ベジカフェ「Fluunt KOFU」の
家庭で楽しむ ヴィーガンレシピ
Contentsu

まえがき　2
本書の見方　9

Chapter 1

家庭で気軽に楽しむ
ヴィーガン料理の基礎知識

いろいろな食のスタイルがあることを知ろう！　そもそも、ヴィーガンとは？　12

ヴィーガン料理を一段とおいしくする Fluunt KOFU流 味の決め手６つのPOINT　14

Point 1 野菜の焦げ／ *Point 2* きのこの旨味／ *Point 3* 海藻の旨味（昆布だしのとり方）

Point 4 発酵食品の旨味／ *Point 5* 乾物の旨味／ *Point 6* 塩の使い方

Column 分量の目安〜自分のものさし　17

フルウント流ヴィーガン料理テク I　大豆ミートの種類とおいしい戻し方　18

フルウント流ヴィーガン料理テク II　ヴィーガン定番食材　車麩、おからこんにゃく　21

フルウント流ヴィーガン料理テク III　ベジブロス　22

Column ベジブロスに使う野菜について　22

フルウント流ヴィーガン料理テク IV　フルウント自家製調味料　24

醤油麹／塩麹／マッサ／粒マスタード／ソイマヨネーズ／きび糖シロップ

Chapter 2

🍀 Fluunt KOFU
大人気のヴィーガンメニュー

ある日のフルウントボウル　26

Recipe 01｜切干大根のバジルスープ／ *Recipe 02*｜ファラフェル　28

Recipe 03｜にんじんとアプリコットのラペ　29

Recipe 04｜豆腐とミニトマトの塩麹マリネ　29

Column 人気メニュー「フルウントボウル」　29

Recipe 05｜じゃがいもとエリンギのスパイス炒め　30

Recipe 06 ｜おからこんにゃくと大根のはさみ揚げ　30

Recipe 07 ｜豆腐のタルタルソース　31

Column ｜フルウントのごはん　31

Recipe 08 ｜車麩カツバーガー　32

Recipe 09 ｜厚揚げのユーリンチー丼　34

Recipe 10 ｜ナムルごはん　35

Recipe 11 ｜大豆ミートソースと米粉ホワイトソースのラザニア　36

Recipe 12 ｜大豆ミートソース／*Recipe* 13 ｜米粉ホワイトソース　38

Recipe 14 ｜大豆ミートのタコライス　39

Recipe 15 ｜大豆ミートのガパオライス　40

Recipe 16 ｜味噌＆塩麹のバーニャカウダ　41

Recipe 17 ｜長ねぎのカメリナオイルコンフィ　42

Recipe 18 ｜きのことあおさ海苔のアヒージョ　43

Chapter 3

定番ヴィーガン食材
大豆ミート&車麩&おから こんにゃくを使った絶品レシピ

Recipe 19 ｜大豆ミートのキーマカレー　45

Recipe 20 ｜大豆ミートのティッカ　46

Recipe 21 ｜大豆ミートのからあげ　48

Recipe 22 ｜大豆ミートの四川風麻婆豆腐　49

Recipe 23 ｜大豆ミートのしょうが焼き　51

Recipe 24 ｜車麩のカルビ風　52

Recipe 25 ｜車麩の照り焼き　54

Recipe 26 ｜車麩の肉じゃが風　55

Recipe 27 ｜おからこんにゃくのエスカベッシュ　56

Recipe 28 ｜おからこんにゃくのルーローファン　57

Chapter 4

野菜だけでもボリューム満点！
主菜おかず

Recipe 29 ｜大根のスパイストマト煮　59

Recipe 30 ｜大根のステーキ　60

Recipe 31 ｜キャベツのステーキ　61

Recipe 32 ｜にんじんのフライ　62

Recipe 33 ｜米粉ホワイトソースのマカロニグラタン　64

Recipe 34 ｜厚揚げのホイル焼き　ココナッツソース　65

Recipe 35 ｜きゅうりと厚揚げのチャンプル　66

Recipe 36 ｜カブの白ワイン煮　67

和ヴィーガン レシピ

Chapter 5

Recipe 37 ｜海鮮ちらし寿司　68

炒り卵風豆腐／たらこ風アマランサス／まぐろ風ビーツ／サーモン風にんじん

Column 食材を無駄にしないために　71

Recipe 38 ｜炒り卵風豆腐と大豆ミートそぼろの二色丼　72

Recipe 39 ｜ひじきとドライトマトの煮物　73

Recipe 40 ｜豆腐のからあげ　青ねぎ花椒ソース　74

Recipe 41 ｜厚揚げの梅照り焼き　75

Recipe 42 ｜厚揚げのみぞれ野菜あんかけ　76

Recipe 43 ｜れんこんの黒ごまあえ　77

Recipe 44 ｜切り干し大根入り大根餅　78

お腹いっぱいでももたれない！ 麺類&ごはんもの

Chapter 6

Recipe 45 ｜いちじくとソイカッテージチーズのカッペリーニ　80

Recipe 46 ｜きのこの和風パスタ　82

Recipe 47 ｜かぼちゃの酒粕豆乳クリームパスタ　83

Recipe 48 ｜切り干し大根のナポリタン　84

Recipe 49 ｜もずくとチアシードのそうめん　85

Recipe 50 ｜舞茸のあえそば　86

Recipe 51 ｜ベジブロスのフォー　87

Recipe 52 | ベジパエリア　88
Recipe 53 | ひよこ豆のココナッツトマトカレー　90
Recipe 54 | ごぼうとドライトマトのリゾット　92

Chapter 7

野菜がモリモリ食べられる！
サラダ&副菜

Recipe 55 | キウイとパクチーのドレッシング　94
Recipe 56 | きゅうりとディルのドレッシング　94
Recipe 57 | ビーツドレッシング　95 ／ *Recipe 58* | 柑橘バジルドレッシング　95
Recipe 59 | 切り干し大根のコールスロー　96
Recipe 60 | こんにゃくと海藻のサラダ　96
Recipe 61 | れんこんとひじきともち麦のサラダ　97
Recipe 62 | バルガーウィートのタブレ　98
Recipe 63 | にんじんのスパイスココナッツ炒め　99
Recipe 64 | 蒸しなすのソイヨーグルトソース　100
Recipe 65 | キャベツの味噌マスタードあえ　101
Recipe 66 | ブロッコリーのピーナッツあえ　101
ヴィーガン料理のアクセントになるタレ　102
Recipe 67 | 舞茸のピリ辛ダレ　102 ／ *Recipe 68* | 味噌マスタードソース　102
Recipe 69 | 青ねぎ花椒ソース　103 ／ *Recipe 70* | ソイマヨネーズ　103
Recipe 71 | ピーナッツソース　103

Chapter 8

野菜の旨味が溶け出す！
ベジスープ

Recipe 72 | 豆乳ミネストローネ　104
Recipe 73 | 大根ポタージュ　106
Recipe 74 | おぼろ豆腐と春雨のエスニックスープ　108
Recipe 75 | ビーツの味噌スープ　109
Recipe 76 | レンズ豆とレタスのスープ　セーボリー風味　110
Recipe 77 | 丸ごとトマトの冷たいスープ　111

Chapter 9

罪悪感ゼロの ヴィーガンスイーツ

Recipe 78 | 豆乳ホイップ　114

Recipe 79 | クレームダンジュ　115

Recipe 80 | 豆乳バニラアイス　115

Recipe 81 | マリトッツォ　116

Recipe 82 | 豆乳フルーツサンド　116

Recipe 83 | バナナと紅茶のパウンドケーキ　117

Recipe 84 | ハウピアタルト　パイナップルジンジャーソース　118

Recipe 85 | りんごのスパイスケーキ　120

Recipe 86 | 酒粕とレーズンのスコーン　121

Recipe 87 | 白ごまとカルダモンのビスコッティ　122

Recipe 88 | ココナッツとバジルのサブレ　124

Recipe 89 | オートミールとローズマリーのクッキー　125

Recipe 90 | 味噌とおからのグリッシーニ　126

Recipe 91 | 丸ごといちじくの赤ワインジュレ　127

Chapter 10

巻末収録 ヴィーガン料理に欠かせない
食材＆ハーブ・スパイス便利帳

ヴィーガン料理におすすめの食材カタログ　130
ニュートリショナルイースト／フラックスシード／カメリナオイル／ブラックソルト

フルウントでよく使う　ハーブ事典　132

フルウントでよく使う　スパイス事典　135

あとがきにかえて　140

協力　株式会社アイクリエイト

写真　泉山美代子

執筆　いくしままき

装丁・本文デザイン　若松隆

本 書 の 見 方

★記載のレシピは基本2人分を目安にしていますが、メニューよっては4人分のものや作りやすい量のものもあります。個人差がありますので、適宜調整をお願いします。

★調味料について特定したものでない場合は以下のものを使用しています。

塩：自然海塩　地粉：国産中力粉　豆乳：無調整のもの

パン・麺類・パン粉：卵・乳製品不使用のもの

★調味料の分量は大さじ1＝15cc、小さじ＝5cc、1カップ＝200ccで計算しています。

●野菜の分量の目安

あくまで目安ですが、よく使う野菜の一般的な重さです。

玉ねぎ1個	200g	ピーマン1個	40g
長ねぎ1本	100g	大根1本	1000g
にんじん1本	200g	トマト1個	150g
じゃがいも1個	150g	きゅうり1本	100g
ごぼう1本	150g	もやし1袋	200g
キャベツ1個	1000g	きのこ類1パック	100g
セロリ1本	100g	青菜類1袋	250g
パプリカ1個	150g		

★写真に掲載されている飾り用の野菜などについて、レシピの分量は省略していることがあります。

★調味料の分量は目安です。お好みの味へと加減をお願いします。

★野菜の下ごしらえについて省略していることがあります（洗う、皮をむく、ヘタを取るなど）。

★加熱時間はあくまでも目安です。食材の状態、調理器具、火加減などで異なるため、様子を見て調整してください。

Chapter 1

家庭で気軽に楽しむ
ヴィーガン料理の
基礎知識

最近では街中のさまざまなシーンで
ヴィーガン由来のものが見られるよ
うになりました。植物性タンパク質
からできた「代替肉」は多くの食品
メーカーから販売されていますし、
ファーストフードチェーン店やコン
ビニエンスストアでも肉を使わない
プラントベースのメニューが競うよ
うに登場しています。また家庭でも
ヴィーガン料理を作る人が多くな
り、私の行っている料理教室も開催
するたびに、参加者が増えています。
ヴィーガン料理のレシピを紹介する
前に、ヴィーガンの知識とヴィーガ
ン料理の基本を解説します。

いろいろな食のスタイルがあることを知ろう！

そもそも、ヴィーガンとは？

　ヴィーガンは1900年代半ばのイギリスで、ヴィーガニズムという哲学から生まれ
ました。その哲学は、"人間はできる限り動物を搾取することなく生きるべきである"
というものです。日本では「完全菜食主義者」と訳されるヴィーガンですが、その
本来の意味は単に食事だけでなく、「革製品や毛皮を身につけない」「動物由来の成
分を含む商品の購入や使用をしない」といったように、衣食住をはじめとした人間
の生活全般に反映されます。

　一方で最近では、主に食の面に重点を置く「ダイエタリーヴィーガン」や、環境
保護を理由にヴィーガンを実践している「エンバイロメンタルヴィーガン」という
分類も出てきました。それと区別するため、本来の意味でのヴィーガンは「エシカ
ルヴィーガン」と呼ばれています。

　それを踏まえてヴィーガン料理とは、動物性の材料を使わずに作る料理のことで

す。

　ややこしい言葉が多いですが、隔（へだ）たりを作るためのカテゴライズではなく、お互いを知って仲よくなるために覚えておくといい基本知識。

　ひと口に菜食といってもさまざまなタイプがあります。また、普段は菜食でも「卵や乳製品はたまにOK」「外食では肉や魚も少し食べるよ」「日本に来たらかつおだしは許容範囲」というような「フレキシタリアン」と呼ばれる人も多いです。

　基本的なことを理解していれば、コミュニケーションもスムーズですね。

　菜食以外の食事も含め、どれが正しくてどれが間違っているということではありません。

　大切なのは、いろいろな人がいていろいろな食のスタイルがあるということ。それをより多くの人が共有して尊重し合えることが理想ではないでしょうか。

図　菜食を実践する「人」を指す呼称

呼称	肉	卵	乳	魚	ハチミツ	毛皮製品
ヴィーガン（エシカルヴィーガン）	×	×	×	×	×	×
ダイエタリーヴィーガン	×	×	×	×	×	△
ラクトベジタリアン	×	×	○	×	△	△
オボベジタリアン	×	○	×	×	△	△
フレキシタリアン	△	△	△	△	△	△

近年の傾向として、お肉を食べない人のことをベジタリアンと呼ぶことが多い。

図　菜食を実践する理由

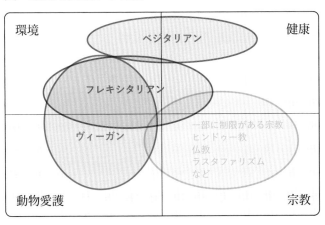

近年、理由は多様化・複雑化しているため大まかなイメージです。
SDGsをはじめとした国連の働きかけもあり、環境をキーワードに食生活を変える人が多いようです。

ヴィーガン料理を一段とおいしくする

✦ fluunt KOFU 流
味の決め手6つの *Point*

ヴィーガン料理は食材や調味料が限定されるため、とかく味がシンプルになりがち。
大人から子どもまでみんなが「おいしい！」と笑顔になる、フルウント流ヴィーガン料
理の秘密を紹介します。

Point 1
野菜の焦げ

　野菜の焦げは味に深み
を出し、ヴィーガン料理を
より一層おいしくしてくれ
る調味料だと思ってくださ
い。野菜はしっかり炒める
ことで、野菜が持つ糖分
がカラメル化し、旨味が凝
縮されます。

鍋底についた焦げこそ、旨味のポイント。木ベラでこそぎ取
りましょう。

　野菜は基本的に皮ごと炒めるのがベター。アクや臭みを飛ばすように、しっ
かりと炒めましょう。炒める際の塩を入れるタイミングは、少しずつ素材ご
とに入れるのがポイントです。そうすることで、野菜の旨味を引き出しながら、
しっかり味をつけることができます。

●主な野菜の焦げ

玉ねぎ	しっかり炒めた飴色の玉ねぎは、焦げを味の決め手に使う代表的な野菜です。カレーやシチューなど、スープに旨味を出す秘訣としてよく使われています。
ごぼう、にんじん	土臭い根菜類も、しっかり炒めることで甘味が出てきます。
キャベツ、セロリ	炒めることで旨味がグンと出る野菜です。
きのこ	しっかり炒めることで香りや旨味が出て、料理に深みを与えてくれます。

Point 2
きのこの旨味

　きのこ嫌いの人はジメっとした風味と
ぬるっとした食感が苦手だといいますが、
野菜の中ではコクとダシが抜群に出る頼
もしい食材です。きのこをヘラで鍋底に
押し付けるように炒めると水分が飛び、歯応えがよくなり、苦手な人でも食
べやすくなりますよ。

Point 3
海藻の旨味

　昆布、ひじき、海苔などの海藻特有の磯の風味は、ヴィーガン料理のバリエー
ションを広げる最高の食材です。菜食はビタミンB群が不足しがちになるた
め、ビタミンB₁₂やミネラルが豊富な海藻類は、栄養面においても積極的にと
ることをおすすめします。

●昆布だしのとり方

　1ℓの水に対して10〜15gの昆
布で水出しをします。お水は冷た
ければ冷たいほど、昆布の持つ上
品で香り高い旨味が出ますので、
冷蔵庫で冷やしながら、または氷
水に入れて昆布だしを取ってくだ
さい。フルウントでは、ベジブロ
スに昆布だしを混ぜることもあり
ます。そのため、昆布だしとベジ
ブロスを別々にストックしておく
と、単体でもミックスでも使える
ので便利です。

Point 4

発酵食品の旨味

　動物の乳から作られるチーズは
ヴィーガンではNG食材ですが、豆乳
で作ったソイカッテージ（P.80参照）
で代用します。またチーズ風味を再現
するために、発酵食品をよく使用しま
す。特に化学調味料の味に慣れてし
まっている人は、塩麹や味噌、醤油、
酒粕といった発酵食品の旨味を加える
ことで満足感が高まります。健康増進、
免疫力アップのためにもぜひ取り入れ
てください。

豆乳と酢で作るソイカッテージチーズ。料理
やサラダ、スイーツなど幅広く使えます。

Point 5

乾物食品の旨味

ドライトマトや切り干し大根、ひじき、干し椎茸はヴィーガンの定番
乾物食品。乾物食品は長期保存もきくので便利です。

　切り干し大根、干
し椎茸、ひじき、ド
ライトマトといった
乾物食品は料理に奥
行きを出してくれる
旨味調味料的な役割
として重宝します。
ベジブロス（P.22参
照）やいろいろな調
味料を使わなくて

も、乾物食品からだしが出て、料理の味わいを深めてくれます。また、乾物
はおいしいだけでなく、栄養価も高いです。

Point 6
塩の使い方

　お塩は入れるタイミングが肝心。フルウントでは、基本的に素材ごとに少しずつふって味を整えています。例えば豆乳ミネストローネスープ（P.104参照）の場合、ベースとなる玉ねぎを炒める際にひ

フルウントでは基本は海の塩を使用。レシピによってはブラックソルトやピンクソルトといった岩塩を使います。

とつまみ、次にセロリを入れて炒める際にひとつまみといった工程を踏むと、野菜にしっかり塩が入り、かつ塩の作用で旨味も引き出せるので、具もスープもおいしく仕上がります。

　塩はステンレスのフライパンでサラサラになるまで焼き、瓶に密閉して保存。ふりやすくなるし、味の面でも角（かど）が取れてまろやかになります。

Column

分量の目安 〜自分のものさし〜

　レシピを見ながら料理する時、計量カップや計量スプーンでいちいち測るのは煩（わずら）わしいですよね。とはいえ、あてのない目分量は不安。自分なりの目安を一度測って、目や感覚で覚えておくと便利です。
・家の醤油さしで何秒たらせば大さじ1になるか
・塩は何つまみで小さじ1になるか
・自分の握りこぶしを基準にする（例えば私は自分のグーを1カップ・200gの目安にしています）
・自分の指の長さや太さを基準にする。ちょっとしたことですが、料理がスピーディーになるし、洗い物も減らせますよ。

大豆ミートの種類とおいしい戻し方

ヴィーガン料理において肉の代用として活用される代表が「大豆ミート」。今ではヘルシー食材として、スーパーマーケットでも見かけるようになりましたが、「使い方がいまいちわからない」「おいしく作れなかった」という残念な声を耳にすることも。ここでは大豆ミートの種類と、大豆ミートをおいしく調理するコツを紹介します。

　大豆ミートの原材料は大豆で、その油分を搾油し、加熱・加圧して乾燥することで作られます。大豆ミートの種類には「ミンチタイプ」「ブロックタイプ」「フィレタイプ」「スライスタイプ」「細切りタイプ」「手羽先タイプ」など、さまざまな種類が発売されています。また、一般的な乾燥タイプではなく、やわらかく戻して下味をつけているレトルトの商品もあります。

　さらに大豆だけでなく、小麦やえんどう豆、玄米粉がミックスされたタイプなど、バリエーション豊富です。

　フルウントでは基本的に乾燥タイプを使用しています。調理前にお湯で戻す必要があり、戻すと約3倍の重さになります。常温で1年程度保存できるのも乾燥大豆ミートの利点。

　下味がついているものはフルウントでは使用していませんが、時短で手軽に使いたいという人は、一度汁を絞ってから使うとよいでしょう。自分好みに味を楽しみたい場合は、乾燥タイプを戻して料理するのがおすすめです。

●大豆ミートのメリットとデメリット

メリット	デメリット
・高タンパク ・低カロリー、低脂肪 ・コレステロール0 ・食物繊維が豊富 ・ビタミン、ミネラルが豊富 ・常温長期保存可能	・パサパサしている ・大豆くさい ・加熱して固まる動物性のタンパク質と違って、ポロポロになりやすい

●大豆ミートの主な種類

ミンチタイプ

　ひき肉状の大豆ミート。粒が小さいため、大豆であることを感じにくい。麻婆豆腐、ミートソース、キーマカレーやそぼろ丼などに。

ブロックタイプ

　大豆ミートの中でも定番のブロックタイプ。ひと口大のお肉の形状で、見た目も食感も鶏肉のよう。成形してからあげにするのがおすすめ。

フィレタイプ

　肉厚のフィレタイプはカツやティッカ、煮物などに。

スライスタイプ

　スライスした薄切り肉のような形状。しょうが焼きや炒め物に。

ミンチタイプ　　　　　　　　　　　フィレタイプ

ブロックタイプ　　　　　　　　　　スライスタイプ

●デメリットをカバーする調理のポイント

戻し方 （詳細は P.20 を参照）	・よく揉み洗いをして臭みを抜く ・しっかり絞る。一度スカスカの状態にして味をしみ込ませる
味付けと調理方法	・にんにく、しょうが、スパイスなどを上手に使う ・油分ととろみを補う
大豆ミートに 向いている料理	・濃いめの味付けのもの ・油を使うもの ・とろみのあるもの

フルウント流 大豆ミートの戻し方

　基本は大豆ミートの商品パッケージに記載の方法通りに戻しますが、ポイントは芯がやわらかくなるまで戻すこと。お湯にプカプカ浮いたままで放置すると戻しムラができてしまうので、落とし蓋やお皿を重石にしましょう。

　やわらかくなったらザルにあげ、大豆の臭みがとれるよう、2〜3回優しく揉み洗いをします。また、種類によって異なりますが、戻し汁の黄色みが白〜透き通るようになるまで水洗いをしてください。スライスやミンチも同様です。

　あとは水分をしっかりと絞ること。水分が残っていると、味が入りにくいので、スポンジ状になるまで絞ることが重要です。

●基本の戻し方 （※戻し時間などは商品パッケージに記載の方法を参考に）

1. 熱湯に入れて戻す。その際に落とし蓋を使って、大豆ミートをお湯にきちんと沈める。
2. 中心までやわらかくなったら、水で揉み洗いする。
3. ひとつずつ丁寧に絞る。
4. 2〜3回揉み洗いをくり返す。
5. 最後にしっかり水を絞る。

ヴィーガン定番食材 車麩とおからこんにゃく

大豆ミートと同様にヴィーガン料理でよく使われる食材に、車麩とおからこんにゃくがあります。両方とも手軽に使えるお肉の代替品としても人気の食材ですが、下処理などにひと手間を加えることでさらにおいしく仕上がります。

車麩

　小麦粉を食塩水と練ってできるグルテンの乾燥食材。焼き麩の一種で、輪切りにした切り口が渦巻き模様になるのが特徴です。

　サイズや巻き方などいろいろなタイプがありますが、フルウントでは歯応えのしっかりした全粒粉で作られたものを使っています。

　照り焼きやフライにする時はやわらかく戻してから使います。水やお湯で戻してしまうと水分が邪魔してその後の味が入りにくいので、味をつけた出し汁や戻し汁を使います。麩の独特のクセが気になる場合は、おろしにんにくやおろししょうがを加えるといいですよ。

　煮物は煮汁でやわらかくしてから煮てもいいし、乾燥したまま一度素揚げしてから使うとコクが出ます。

　また、乾燥したものを砕いて、パン粉のように使うこともできます。

おからこんにゃく

　肉の代替食として人気のおからこんにゃくは、おからとこんにゃく粉でできており、低カロリーかつ食物繊維が豊富なヘルシー食材です。

　一般的なこんにゃくより、ざらっとした質感が特徴で、食べ応えのある独特のコシがあります。

　ひと口大にちぎってからあげに、スライスしてカツや炒め物に、フードプロセッサーでミンチにしたりと万能に使えます。

　そのままでももちろん使えますし、下ゆでしてよりプリプリ感を出したり、逆に麺棒で叩いてコシを潰してやわらかくしたり、食感の活かし方も楽しめます。

　やや味が入りにくいので、下味をなじませる時間を長めにしたり、しっかり揉み込むなどの工夫が必要です。独特のクセは下味の時に料理酒を揉み込むと和らぎます。

フルウント流ヴィーガン料理テクⅢ

ベジブロス

野菜を煮出して作るだしのことを「ベジブロス」といいます。ベジブロスのために、わざわざ野菜を購入するのではなく、日ごろの料理からこぼれ出る、野菜の皮やヘタなどの野菜くずを利用。できあがったベジブロスはスープや煮込み料理のベースとなります。

ベジブロスは野菜（Vegetable）のだし（Broth）の略語です。

フルウントでは毎日、にんじんや玉ねぎのヘタや長ねぎの青い部分などの野菜くずをタッパーに入れ、ある程度貯まったところでベジブロスを作っています。

じつは野菜の皮や切れ端には、「ファイトケミカル」といって、強い抗酸化力で活性酸素を減らす効果が期待できる成分が含まれています。それらは加熱することで細胞から溶け出すため、生野菜よりむしろ加熱して煮出したスープのほうが、よりよい「ファイトケミカル」が含まれ、栄養素も旨味もたっぷりです。

また、野菜くずを貯めておくことで、日ごろどれだけの野菜を調理しているか、どれくらいゴミを出しているか確認する目安になります。

Column

ベジブロスに使う野菜について

農薬不使用の野菜がより理想ですが、なかなかすべてというわけにはいきません。気になる人は野菜を塩水や重曹水でよく洗ったり、煮る時にアクをこまめに取るといいですよ。

じゃがいもの芽は毒成分を含むのでNG。苦味の強いゴーヤの種、色が出るビーツなどは避けたほうが無難です。また、ごぼうやしょうがは多すぎるとクセが強くなり、用途が限られてしまいがちなので、アクセント程度に入れるのがベター。ベジブロスに向かない野菜としてキャベツやブロッコリー、ピーマンなども一般的によくあげられますが、フルウントでは問題なく使っています。

●フルウント流 ベジブロスの作り方

1. 野菜くずを貯めるための容器を用意する。フルウントでは大きめのタッパーを用意して、玉ねぎのヘタ、長ねぎの硬い部分、きのこの石づき、りんごの芯、パセリの軸、ブロッコリーの硬い部分、トマトのヘタまわりなど、普段は捨ててしまいがちな部分を冷蔵庫にストックしています。

2. 鍋に、野菜くずがかぶる量の水、塩、黒こしょうの粒を適量と、ローリエの葉を1枚入れて、弱火にかける。塩は、1ℓの水に対して小さじ1/2を目安に。

3. 沸騰したら、強火にして2〜3分ほどブクブクと煮る。強火でしっかりアクを飛ばすと、えぐみや臭みがとれます。火加減が弱すぎると蒸れたような味になるので注意。

4. 弱火で30分煮る。弱火といってもコトコトではなく、フツフツとした泡が確認できる火加減をキープしましょう。

5. ザルにあけてできあがり。できあがったスープは、冷蔵庫で1週間は保存可能です。

フルウント流ヴィーガン料理テクⅣ
フルウント自家製調味料

ヴィーガン料理では卵を使用したマヨネーズや魚介系のだし、動物系のブイヨンなどは使いません。でも、それらを使わなくても植物由来の素材を使った調味料で、十分おいしくなります。ここではフルウントで使用している自家製調味料を紹介します。

醤油麹

　麹（糀）は、米、麦、大豆などの穀物に麹菌などの食品発酵に有効なカビを中心にした微生物を繁殖させたもの。醤油麹は麹に醤油を混ぜるだけの簡単な調味料ですが、だし醤油のような旨味になります。フルウントでは富岡穀倉さんの麹を使っています。

作り方

1. 清潔な瓶に生麹200ｇ、醤油250ｇを入れ、よく混ぜて軽く蓋をする。
2. 直射日光を避けて常温に置き、1日1回清潔なスプーンで混ぜ、10日前後熟成させる。水分が少ないようならひたひたになるまで醤油を足す。
3. 麹の芯がなくなって、甘い香りと旨味が出てきたらできあがり。冷蔵庫で保存する。

塩麹

　米の自然の甘味が加わった塩麹は、より味に深みが出る最高の調味料です。麹には酵素が含まれており、タンパク質をアミノ酸に変える力があるので、塩分や糖分カットとしても活用できます。できあがったものをミキサーにかけてペースト状にすると使いやすいです。また、塩麹にフレッシュのタイムやローズマリーをひと枝入れて香りを移すと、ひと味違ったおしゃれな調味料になりますよ。

作り方

1. 生麹200ｇと塩65ｇ、水250ｇを合わせ、塊がなくなるまで手でよく混ぜる。
2. 水を加えてよく混ぜ、清潔な瓶に入れて軽く蓋をする。
3. 直射日光を避けて常温に置き、1日1回清潔なスプーンで混ぜ、10日前後熟成させる。水分が少ないようなら、ひたひたになるまで水を足す。
4. 麹の芯がなくなって、甘い香りと旨味が出てきたらできあがり。冷蔵庫で保存する。

マッサ

パプリカの塩漬けをペーストにしたもの。パプリカの旨味が凝縮した調味料で、冷奴にちょこっとのせたり、ソイマヨネーズに混ぜたり、下味の塩の代わりに使ったりと万能です。特にトマト系の料理に使うことが多いです。塩気が強いので、使う時には料理の塩の量を調整してください。また、辛いのは苦手だけど唐辛子のような深みを出したいという時にも重宝します。

作り方

1. パプリカはヘタと種を取ってひと口大に切り、塩を揉み込む。
2. タッパーに入れて、冷蔵庫で2週間くらい熟成させる。
3. 水気を切ってしっかり絞り、フードプロセッサーにかけてペースト状にする。清潔な瓶に移し、表面が空気に触れないようにオリーブオイルを注ぐ。冷蔵庫で保存する。

粒マスタード

プチプチの歯応えと鼻に抜ける風味が料理のアクセントに。おでんや車麩の煮物など、和風のメニューに添えるのも気に入っています。

作り方

1. 清潔な瓶に、イエローマスタードシード90gとブラウンマスタードシード30g、塩小さじ1、きび糖小さじ1/2、米酢200cc入れてよく混ぜ、蓋をする。直射日光を避けて常温に置く。
2. ひと晩経つとシードが酢を吸うので、ひたひたになるまで米酢を注ぐ。
3. 10日前後寝かせる。ツンとする辛味や苦味だけでなく、旨味が感じられるようになったら完成。冷蔵庫で保存してください。冷蔵庫で半年ほど熟成させるとよりおいしいです。

ソイマヨネーズ

ハンバーガーやポテトサラダには必須の調味料です。ご家庭では新鮮なうち、1週間ほどで使い切ってください。

作り方

1. 豆乳100gと米酢50g、塩小さじ1、きび糖小さじ1/2、粒マスタード小さじ2をミキサーに入れ、高速で1分回す。
2. なたね油20gとなたねサラダ油90gを加えて高速で30秒くらい回し、ヘラで上下を混ぜる。もったりしたクリーム状になるまで、この作業を2〜3回繰り返す。

きび糖シロップ

お菓子作りに、パンケーキやトーストに、ドリンクのガムシロップがわりに、料理の照り出しにと、いろいろと使えて便利です。

作り方

1. きび糖150gと水100gを鍋に入れて火にかける。
2. 沸騰したら吹きこぼれないように火を弱め、2分くらい煮る。冷めたら冷蔵庫で保存する。

Chapter 2

❀ Fluunt KOFU

大人気の
ヴィーガンメニュー

海外からの旅行者もわざわざ訪れ、またヴィーガンでない方も気兼ねなく立ち寄れる人気のカフェ「フルウント」。その中でもお店の人気メニューやイベント、料理教室で話題となったメニューをピックアップ！ あなたの家がヴィーガンCAFEに変わりますよ！

豆腐とミニトマトの
塩麹マリネ

にんじんと
ドライアプリコットのラペ

Menu

ある日のフルウントボウル

雑穀ごはん

ファラフェル

切り干し大根の
バジルスープ

おからこんにゃくと
大根のはさみ揚げ

豆腐のタルタルソース

じゃがいもとエリンギ
のスパイス炒め

Recipe 01 | 切り干し大根の バジルスープ

材料 （2名分）

切り干し大根	10g
玉ねぎ	50g
オリーブオイル	小さじ2
塩	小さじ1/2
ベジブロス （P.22〜23参照）	300cc
ドライバジル	2つまみ
黒こしょう	適量

作り方

1. 切り干し大根はさっと洗ってザルにあげて水気を切り、キッチンバサミで食べやすい長さに切る。玉ねぎは縦に薄切りにする。
2. 鍋にオリーブオイルを熱し、玉ねぎに塩をひとつまみ（分量から）ふって、ほんのりキツネ色になるまで炒める。
3. 切り干し大根と残りの塩、ドライバジルを加え、ベジブロスをひたひたになるまで注いで強火で煮る。沸騰したらそのまま2分煮て、火を弱めて（軽くグツグツするくらいの火加減を保つ）、さらに10分くらい煮る。途中、具が顔を出したら水（分量外）を足して水位を保つようにする。
4. 残りのベジブロスを足して黒こしょうをふり、ひと煮立ちしたら火を止める。必要なら塩や水を足して味をととのえる。

─ Point ─

昆布だし（P.15参照）でもOK。切り干し大根のだしが出るので水だけでも十分おいしいですよ。

Recipe 02 | ファラフェル

材料 （作りやすい量）

ひよこ豆	150g
玉ねぎ	20g
にんにく	1/2片
ピーマン	15g
パクチー	5本
パセリ	1本
クミンパウダー	小さじ1
コリアンダーパウダー	小さじ1/2
塩	小さじ1
なたねサラダ油	適量

【ごまレモンソース】

A	白練りごま	大さじ2
	レモン果汁	大さじ1
	水	大さじ1
	塩	適量

作り方

【下準備】

ひよこ豆はさっと洗い、5倍の水に6時間以上浸けて戻し、ザルにあげて水気を切っておく。玉ねぎ、にんにく、ピーマン、パクチー、パセリはそれぞれざく切りにする。ごまレモンソースは**A**を合わせてよく混ぜる。

1. ひよこ豆以外の材料をフードプロセッサーに入れてペースト状にする。
2. ひよこ豆を加えて、さらにフードプロセッサーを回す。
3. 2を10等分にし、やや平たい丸型に整形する。
4. 180℃の油で2分半〜3分くらい、やや濃いめに色づくまで揚げる。ごまレモンソースを添える。

─ Point ─

ひよこ豆は潰しすぎないように。少し粒が残るくらいにするのがクリスピーな食感に仕上げるポイント。成形の際は、少しまとまりにくいですが、ぎゅっと強く握ってください。

にんじんと
ドライアプリコットのラペ

材料（2名分）

にんじん	100g
ドライアプリコット	5個
白ワインビネガー	大さじ1
オリーブオイル	大さじ1
塩	小さじ1/4
黒こしょう	適量

作り方

【下準備】
にんじんは千切りにして塩を揉み込んでおく。
アプリコットは粗く刻む。

1. にんじんの水気をしっかり絞り、アプリコット、白ワインビネガー、オリーブオイル、黒こしょうを加えてよく揉み込む。

— *Point* —

作りたてもおいしく召し上がれますが、冷蔵庫で一晩なじませてアプリコットがやわらかくなったころが酸味と甘味がまとまってよりおいしいです。

豆腐とミニトマトの
塩麹マリネ

材料（2名分）

木綿豆腐	100g
ミニトマト	6個
Ⓐ 塩麹（P.24参照）	小さじ2
オリーブオイル	小さじ2
黒こしょう	適量
ドライバジル	ひとつまみ
ドライオレガノ	ひとつまみ

作り方

【下準備】
木綿豆腐はキッチンペーパーに包み、冷蔵庫に入れて30分〜1時間くらい水切りする。

1. 豆腐は1.5センチ角、ミニトマトは縦半分に切ってバットに並べる。
2. Ⓐをよく混ぜて回しかけ、バジルとオレガノと黒こしょうをふって、冷蔵庫で30分以上なじませる。

— *Point* —

塩麹でマリネしたお豆腐はチーズのよう。フルウントでは山梨県甲府市の川口屋豆腐店さんの木綿豆腐を気に入って使っています。

Column

人気メニュー「フルウントボウル」

　フルウントボウルは、野菜をよりたくさん召し上がっていただきたいとの思いから生まれたメニュー。ごはんにたっぷりサラダと6〜7種類のデリを盛りつけたヘルシー＆ボリューミーなひと皿です。

　旬の食材を中心に、食べ応えのある揚げ物、スパイスの効いたもの、酸味のあるさっぱりしたもの、優しい味付けのものなど、風味と食感と彩りのバランスを考え、おかず同士が混ざることで生まれる意外なハーモニーも楽しんでいただけるように構成しています。

　この本のレシピを自由に組み合わせて、ぜひあなたオリジナルのフルウントボウルを作ってみてください。

Recipe 05 | じゃがいもと エリンギのスパイス炒め

材料（作りやすい量）

じゃがいも	300g
エリンギ	100g
ターメリックパウダー	小さじ1/4

Ⓐ
にんにく（みじん切り）	小さじ1/2
しょうが（みじん切り）	小さじ1/2
ココナッツオイル	大さじ1
ブラウンカルダモン	1個
フェネグリークシード	10粒
塩	小さじ1/2〜

作り方

【下準備】
じゃがいもは5ミリの厚さのいちょう切りにする。エリンギもじゃがいもの大きさに合わせて切る。

1. フライパンにⒶを入れて中火にかける。小さな泡がジュワジュワ出て香りが立ってきたら、ターメリックパウダーも加えてさっと炒める。
2. じゃがいもとエリンギを加えて塩をひとつまみ（分量から）ふり、全体に油が回ったら水大さじ2（分量外）を加えてフタをし、蒸し炒めにする。時々フタを開けて混ぜ、水を足してまたフタをするを繰り返す。
3. じゃがいもに火が通ったら、水分を飛ばすように炒める。残りの塩で味をととのえる。

— *Point* —

ブラウンカルダモンのスモーキーさとフェネグリークの甘い香りが何ともいえない風味を醸し出す、大好きな組み合わせ！

Recipe 06 | おからこんにゃくと 大根のはさみ揚げ

材料（2名分）

おからこんにゃく	2/5枚
大根（5ミリ厚の輪切り）	1枚

Ⓐ
醤油	小さじ1
みりん	小さじ1
おろしにんにく	小さじ1/8
おろししょうが	小さじ1/8
地粉	適量
パン粉	適量
なたねサラダ油	適量

作り方

【下準備】
おからこんにゃくは1センチの厚さに切り、真ん中に切りこみを入れる。大根は5ミリ厚の輪切りにし、やわらかくなるまでゆでておく。

1. おからこんにゃくにⒶの半量を揉み込み、白こしょうをまぶす。大根に残りのⒶをまぶす。
2. おからこんにゃくで大根をはさみ、はみ出たところはカットし、楊枝でとめる。地粉をまんべんなくまぶし、余分な粉をはたく。地粉に水を加えて混ぜ（溶き卵ぐらいの濃度に）、おからこんにゃくをくぐらせ、パン粉をまぶして、180℃の油でこんがりと揚げる。お好みでソースや豆腐タルタルソースを添える。

— *Point* —

弾力のあるおからこんにゃくと、やわらかくゆでた大根を組み合わせて、脂身のあるお肉のような食感を再現しました。

豆腐のタルタルソース

Recipe 07

材料 （作りやすい量）

木綿豆腐	200g
玉ねぎ	50g
ケッパー	大さじ1/2
パセリ	1本

A
ブラックソルト	小さじ1/2
練りマスタード	小さじ2
オリーブオイル	大さじ2
りんご酢	大さじ1
ソイマヨネーズ (P.25参照)	大さじ2

白こしょう	少量
塩	適量

作り方

【下準備】

木綿豆腐を水からゆでる。沸騰したらザルにあげて水気を切る。玉ねぎはみじん切りにして10分くらい水にさらし、水気を切っておく。ケッパー、パセリはみじん切りにする。

1. 木綿豆腐の半量と**A**を合わせて、フードプロセッサーにかけペースト状にする。

2. 残りの木綿豆腐は粗みじん切りにし、**1**、玉ねぎ、ケッパー、パセリと合わせる。塩、白こしょうで味をととのえる。

Point

卵風味の秘密は硫黄の香りの強いブラックソルト。豆腐は全部をペーストにせず、粗く刻んだものを混ぜ込むことでゆで卵のような食感に。

Column

フルウントのごはん

　フルウントのごはんは、七分づきのお米に、押し麦と黒米などの雑穀を少し混ぜて炊いています。もともとは私はマクロビオティックをしていたので、玄米も好きですが、フルウントでは小さいお子さんから年配の方、男性のお客様も多いので、食べやすい七分づきを提供しています。

　自慢のお米は山梨県北杜市の富岡穀倉さんの自然栽培米。このお米がとにかくおいしく、風味や食感はヴィーガン料理と相性ばっちり。富岡さんの農法や考え方も共感、尊敬しています。

Recipe 08 | 車麩カツバーガー

材料（2名分）

車麩		2枚
A 醤油		小さじ2
おろしにんにく		小さじ1/8
おろししょうが		小さじ1/8
水		150cc
地粉		適量
パン粉		適量
なたねサラダ油		適量
バンズ		2個
白練りごま		適量
中濃ソース		適量
ソイマヨネーズ（P.25参照）		適量
千切りキャベツ		ひとつかみ

作り方

1. **A**を鍋に入れて火にかけ、沸騰したら火を止めて車麩を入れる（なるべく重ならないように）。
2. 芯までやわらかくなったら、両手ではさむように優しく水気を絞る。
3. 地粉をまんべんなくまぶし、余分な粉をはたく。地粉に水を加えて混ぜ（溶き卵くらいの濃度に）、粉をはたいた車麩をくぐらせ、パン粉をまぶして180℃の油でこんがり揚げる。
4. バンズを半分に切ってトーストし、切り口に白練りごまを薄く塗る。バンズの下の部分に車麩カツをのせて中濃ソースを回しかけ、キャベツの千切り、中濃ソース、ソイマヨネーズをのせてバンズの上の部分を重ねてピックを刺す。

Point

サクサクジューシーな揚げたての車麩カツは格別なおいしさ！ バンズはオープン当初から山梨県勝沼のパンテーブルさんにお願いしています。

Recipe 09 | 厚揚げのユーリンチー丼

材料 （2名分）

厚揚げ	200g
醤油	大さじ1/2
片栗粉	小さじ2
なたねサラダ油	適量
ごはん	2杯分
長ねぎ	50g

Ⓐ
おろししょうが	小さじ1/2
おろしにんにく	小さじ1/2
醤油	大さじ2
純米酢	大さじ2
きび糖	大さじ2
ごま油	小さじ2

作り方

【下準備】
厚揚げは5ミリの厚さのひと口大に切り、醤油をまぶして下味をつけておく。長ねぎはみじん切りにする。

1. 長ねぎと**Ⓐ**をよく混ぜ合わせてソースを作る。

2. 下味を付けた厚揚げに片栗粉をまぶして、180℃の油でこんがりと揚げる。

3. ごはんの上に揚げた厚揚げをのせ、**1**のソースをかける。

Point

フルウントではたっぷりのサラダと副菜を添えたワンボウルで提供しています。

ナムルごはん

材料 (2名分)

ごはん………………………………… 2杯分

【ナムル各種】

車麩 (車麩のカルビ風、P.52 ～ 53参照) ……… 2枚

紫キャベツ ………………………………… 20g

刻み海苔 …………………………………… 適量

白いりごま ………………………………… 適量

糸切り唐辛子……………………………… 適量

豆もやし …………………………………… 70g

Ⓐ おろしにんにく 小さじ1/8、塩 2つまみ、黒こしょう 適量、ごま油 小さじ1

にんじん …………………………………… 50g

Ⓑ 純米酢 小さじ1/2、塩 2つまみ、白こしょう 適量、ごま油 小さじ1

ほうれん草………………………………… 70g

パプリカ (赤) ……………………………… 50g

Ⓒ 醤油 小さじ1、ごま油 小さじ1、白すりごま 小さじ1

Ⓓ 塩 2つまみ、ごま油 小さじ1/2

作り方

1. ナムルを作る。
   ・豆もやしは3分くらいゆでてザルに広げて冷まし、優しく水気を絞ってⒶであえる。
   ・にんじんは千切りにして30秒くらいゆで、ザルに広げて冷まし、優しく水気を絞ってⒷであえる。
   ・ほうれん草は1分くらいゆでて一度冷水にとり、水気を絞って4センチくらいの長さに切り、Ⓒであえる。
   ・赤パプリカは細切りにし、Ⓓであえる。

2. 車麩のカルビ風を作る (P.52 ～ 53参照)

3. ごはんを盛り、1の各種ナムルと2の車麩をのせる。お好みでスライスした紫キャベツ、刻み海苔、いりごま、糸切り唐辛子をトッピングする。

大豆ミートソースと米粉ホワイトソースのラザニア

Recipe **11**

材料 （2〜3名分）

ラザニア	4〜6枚
パン粉	適量
ニュートリショナルイースト	適量
大豆ミートソース （P.38参照）	300g
米粉ホワイトソース （P.38参照）	200g
オリーブオイル	適量

作り方

【下準備】
ラザニアは表示通りにゆで、オリーブオイルをからめておく。

1. グラタン皿にミートソース、ラザニア、ホワイトソース、ラザニア、ミートソース、ラザニア、ホワイトソースの順で重ねる。
2. パン粉とニュートリショナルイーストをふって、230℃のオーブンで20分前後、こんがり焼き色がつくまで焼く。

Point

ラザニアとミートソース、ホワイトソースの重ね方は器に合わせて調整してください。

Recipe 12 ｜ 大豆ミートソース

材料 （作りやすい量）

大豆ミート（ミンチ）	100g
玉ねぎ	200g
にんじん	100g
セロリ	50g
マッシュルーム	100g
にんにく（みじん切り）	大さじ1
オリーブオイル	大さじ2
赤ワイン	50cc

Ⓐ トマト水煮 400g、味噌 大さじ1、ケチャップ 大さじ2、ドライバジル 小さじ1/2、ドライオレガノ 小さじ1/2、オールスパイスパウダー 小さじ1/4、ローリエ 1枚

黒こしょう	適量
塩	適量

作り方

【下準備】
大豆ミートを戻して水気を絞る。玉ねぎ、にんじん、セロリ、マッシュルームはそれぞれみじん切りにする。

1. 鍋にオリーブオイルとにんにくを入れて弱火にかける。香りが立ってきたら中火にし、マッシュルームを加え、塩をひとつまみふってよく炒める。
2. 玉ねぎ、にんじん、セロリを加えて塩を3つまみふり、濃いめのきつね色になるまでよく炒める。
3. 大豆ミートと赤ワインを加えて炒め、アルコールが飛んだら、Ⓐを加え、ひたひたの水を加えて煮る。
4. 時々混ぜながら20分〜30分煮込み、塩と黒こしょうで味をととのえる。

> **Point**
>
> 味噌を入れることで味に深みが生まれます。
> 野菜は気長にじっくり炒めてください。

Recipe 13 ｜ 米粉ホワイトソース

材料 （作りやすい量）

豆乳	500cc
水	100cc
米粉	30g
ナツメグパウダー	ひとつまみ
白こしょう	適量
塩	適量
ニュートリショナルイースト	大さじ1

作り方

1. 鍋に水と米粉を入れて、ダマがなくなるまでよく混ぜる。
2. 他の材料を加え、混ぜながら中火にかける。沸騰したら2分くらい煮る。

> **Point**
>
> はねやすいので火傷に注意してください！

大豆ミートのタコライス

材料 （2名分）

【タコミート】

大豆ミート（ミンチ）……………………50g

にんにく（みじん切り）……………小さじ1

玉ねぎ……………………………………50g

Ⓐ クミンパウダー 小さじ1/4、コリ
アンダーパウダー 小さじ1/4、パ
プリカパウダー 小さじ1/4

塩…………………………………小さじ1/2

なたねサラダ油………………………大さじ1

【サルサソース】

トマト80g、きゅうり30g、紫玉ねぎ
20g、アボカド1/4個、おろしにんにく小
さじ1/4、ライム果汁（レモン汁でも可）大さ
じ1、塩 小さじ1/2、ピーマン 15g、パク
チー2本、レタス（千切り）ひとつかみ

ごはん……………………………………2杯分

タバスコ………………………………お好みで

コーンチップス………………………お好みで

作り方

【下準備】

大豆ミートは戻して水気を絞る。玉ねぎはみじん切りにす
る。サルサソース用の紫玉ねぎはみじん切りにして10分く
らい水にさらし、水気を絞る。トマト、きゅうり、アボカ
ドは角切りにする。ピーマン、パクチーはみじん切りにする。

1. サルサソースは材料をすべて混ぜ、冷蔵庫でしばらくな
じませる。

2. フライパンになたねサラダ油とにんにくを入れて弱火に
かけ、香りが立ってきたら中火にして玉ねぎに塩（分量
から）をひとつまみふって炒める。うっすらきつね色に
なったらⒶを加えて軽く炒め、大豆ミートと残りの塩、
ひたひたの水を加え、水気が飛ぶまで煮詰める。

3. ごはんを盛り、ざく切りのレタス、2のタコミート、サ
ルサソースをのせる。

Point

チリコンカンをのせたタコライスもい
いですが、私は断然タコミート&フレッ
シュサルサ！

Recipe 15 | 大豆ミートのガパオライス

材料 （2名分）

大豆ミート （ミンチ）	70g
玉ねぎ	100g
パプリカ （赤）	75g
にんにく （みじん切り）	小さじ1
しょうが （みじん切り）	小さじ1/2
Ⓐ 醤油 大さじ3、料理酒 大さじ1、きび糖 大さじ1、豆板醤 小さじ1/2	
ココナッツオイル	大さじ1
バジル	10〜15枚
ごはん	2杯分
塩	適量

作 り 方

【下準備】
大豆ミートは戻して水気を絞る。玉ねぎ、パプリカはそれぞれ1.5センチくらいの角切りにする。

1. フライパンにココナッツオイルとにんにく、しょうがを入れて弱火にかけ、香りが立ってきたら中火にして玉ねぎ加え、塩をひとつまみふってしんなりするまで炒める。

2. パプリカを加えて塩をひとつまみふって炒め合わせる。

3. パプリカに火が入ったら大豆ミートとⒶを加え、水分が飛ぶまで炒め合わせる。

4. バジルを加えてさっと炒め、塩で味をととのえ、ごはんにかける。

Recipe 16 | 塩麹＆味噌のバーニャカウダ

材料

【塩麹】

にんにく（みじん切り）………………	小さじ1
塩麹（P.24参照）………………	大さじ1
カメリナオイル………………	大さじ3
白こしょう………………	少量

作り方

1. カメリナオイルとにんにくを鍋に入れて弱火にかける。香りが立ってにんにくがうっすら色づいたら、塩麹、白こしょうを加える。

材料

【味噌】

にんにく（みじん切り）………………	小さじ1
味噌………………	大さじ1
オリーブオイル………………	大さじ3
黒こしょう………………	少量
クローブパウダー………………	ひとつまみ

作り方

1. オリーブオイルとおろしにんにくを鍋に入れて弱火にかける。香りが立ってにんにくがうっすら色づいたら、味噌、黒こしょう、クローブパウダーを加える。

Point

この料理写真は塩麹にフレッシュタイムを漬け込んだもの。塩麹のみでもおいしいですし、お好きなドライハーブを足してもOK。味噌とクローブの組み合わせもお気に入りです。

17 | 長ねぎのカメリナオイルコンフィ

材料 (2名分)

長ねぎ	200g
ドライトマト	10g
塩	小さじ1/2
にんにく (みじん切り)	小さじ1
カメリナオイル	大さじ6
ローズマリー	1枝

作り方

【下準備】
長ねぎは3センチくらいの長さに切っておく。ドライトマトは粗く刻む。

1. フライパンか厚手の鍋 (土鍋でもOK) に材料をすべて入れ、弱火にかける。

2. ジュワジュワしてきたらフタをして5分煮て、火を止めて (煮たあとも余熱で火を入れる)、一度そのまま冷やし、軽く温め直す。

Point

とろりとやわらかく煮えた長ねぎが最高。長ねぎとドライトマトの旨味が溶け出したコクのあるカメリナオイルも、パンにつけて残さずどうぞ。冷やしてもおいしいし、パスタと絡めるのもおすすめです。

きのことあおさ海苔のアヒージョ

Recipe
18

材料（2名分）

お好みのきのこ	200g
にんにく	1片
鷹の爪	1本
塩	小さじ1/2
あおさ海苔	2g
タイム	1〜2枝
グレープシードオイル	大さじ6

作り方

【下準備】

きのこは石づきをとって食べやすい大きさに切り分ける。
にんにくは包丁で潰す。あおさ海苔は水で戻して絞ってお
く。

1. スキレット（フライパンでも可）にきのこ、にんにく、
鷹の爪、タイムを入れて塩をふり、グレープシードオイ
ルを回しかける。弱めの中火にかけ、たまに上下を混ぜ
て均等に油に浸かるようにする。

2. グツグツいってから1分くらい煮て、あおさ海苔を加え
てさっと混ぜ火を止める。

Chapter 3

定番ヴィーガン食材

大豆ミート&車麩
&おからこんにゃくを
使った絶品レシピ

19 | 大豆ミートのキーマカレー

作り方

【下準備】
大豆ミートは戻して絞っておく。玉ねぎ、にんじん、ピーマン、トマトはみじん切りにする。

1. 鍋に**A**を入れて中火にかけ、ジュワジュワして香りが立ってきたら、玉ねぎとにんじんを加え、塩（分量から）を2つまみふってよく炒める。
2. **1**が色づいてきたらピーマンを加え、塩（分量から）をひとつまみふってしんなりするまで炒め合わせる。
3. **B**を加えてさっと炒め、トマトと残りの塩を加える。全体がなじんだら大豆ミートを加えて混ぜ、ひたひたになるまで水を注ぐ。水分がある程度なくなるまで煮詰める。
4. ごはんの上に盛り、千切りのしょうが、ミニトマト、刻んだパクチーをのせる。

材料 (2名分)

大豆ミート（ミンチ）	60g
玉ねぎ	100g
にんじん	50g
ピーマン	30g
A にんにく（みじん切り）小さじ1、しょうが（みじん切り）小さじ1、なたねサラダ油 大さじ2、クミンシード 小さじ1、マスタードシード 小さじ1/2	
B クミンパウダー 大さじ1、コリアンダーパウダー 大さじ1/2、ターメリックパウダー 小さじ1/2、クローブパウダー 小さじ1/8	
トマト	150g
塩	小さじ1と1/2
醤油	小さじ1/2
ごはん	2杯分
しょうが	適量
ミニトマト	適量
パクチー	適量

ヴィーガン食材としてよく利用される「大豆ミート」「車麩」「おからこんにゃく」に特化したレシピを紹介！　単なるお肉の代用品でなく、これだからこそのおいしさを追求したメニューです。

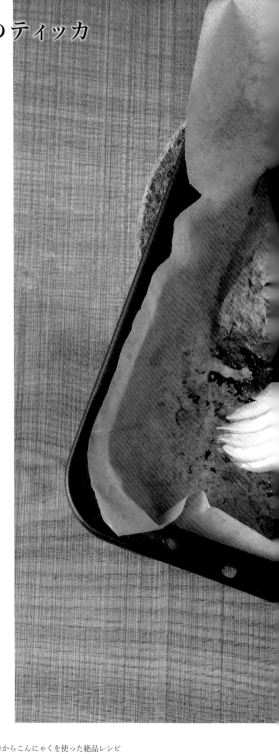

Recipe 20 | 大豆ミートのティッカ

材料 (2名分)

大豆ミート（フィレ）・・・・・・・・・・・・・・・40g

Ⓐ
- 醤油・・・・・・・・・・・・・・・・・・・・・・・・・・・大さじ1/2
- なたねサラダ油・・・・・・・・・・・・・・大さじ1/2

Ⓑ
- 豆乳ヨーグルト・・・・・・・・・・・・・・・・・70g
- おろしにんにく・・・・・・・・・・・・・小さじ1/4
- おろししょうが・・・・・・・・・・・・・小さじ1/4
- パプリカパウダー・・・・・・・・・・・小さじ1/2
- クミンパウダー・・・・・・・・・・・・・小さじ1/4
- 黒こしょう・・・・・・・・・・・・・・・・・・・・・・・適量
- レモン果汁・・・・・・・・・・・・・・・・・・・大さじ1/2
- 塩・・・・・・・・・・・・・・・・・・・・・・・・・・・・小さじ1/8
- 醤油・・・・・・・・・・・・・・・・・・・・・・・・・小さじ1/3

作り方

【下準備】

大豆ミートを戻して絞り、Ⓐを揉み込ん
でおく。

1. Ⓑをよく混ぜ、大豆ミートを漬け込み、
   冷蔵庫で1時間以上（できればひと晩）
   なじませる。
2. 1をクッキングシートを敷いた鉄板に
   並べ、200℃のオーブンで20分前後、
   うっすら焦げ目がつくまで焼く。

Point

玉ねぎのくし切りに残ったつけダレを
かけて、一緒に焼いてもおいしいで
す。

大豆ミートのからあげ

材料 （2名分）

大豆ミート（ブロック）		40g
Ⓐ	醤油	大さじ1と1/2
	料理酒	大さじ1/2
	みりん	小さじ1
	おろしにんにく	小さじ1/4
	おろししょうが	小さじ1/4
	黒こしょう	適量
Ⓑ	地粉	大さじ2
	片栗粉	大さじ1
なたねサラダ油		適量

作り方

【下準備】
大豆ミートは戻して絞っておく。ハサミを使って適当な大きさに切る。

1. Ⓐをよく混ぜ、大豆ミートにしっかり揉み込む。

2. Ⓑをよく混ぜて1に加え、粉気がなくなるまで優しく混ぜる。楊枝を使って形をととのえる。

3. 180℃の油でこんがり揚げる。

Recipe 22 | 大豆ミートの四川風麻婆豆腐

材料 (2名分)

大豆ミート（ミンチ）	20g
長ねぎ	30g
ニラ	20g
木綿豆腐	200 g
片栗粉（同量の水で溶く）	大さじ1
ごま油	大さじ1/2
昆布だし汁（P.15参照）	100cc
Ⓐ にんにく（みじん切り）	小さじ1/2
しょうが（みじん切り）	小さじ1
なたねサラダ油	大さじ1
豆板醤	小さじ1
花椒	10粒
Ⓑ 醤油麹（P.24参照、または味噌）大さじ1、みりん 大さじ1、料理酒 大さじ1	

作り方

【下準備】

大豆ミートは戻して絞る。長ねぎはみじん切りに、ニラは1センチくらいに刻む。豆腐は角切りにして鍋に入れ、ひたひたになるまで水を注いでおく。

1. フライパンにⒶを入れて中火にかけ、香りが立ってきたら大豆ミートを加えてさっと炒める。

2. Ⓑとひたひたの水を加え、一度水気がなくなるまで炒める。昆布だし汁を加え、沸騰したら火を止めておく。

3. 豆腐の鍋を火にかけ、沸騰したらザルにあげて、2のフライパンに加える。長ねぎとニラも加えて火にかけ、煮たったら水溶き片栗粉でとろみをつける。ごま油を回し入れ、強火で1分くらい煮る。最後にお好みでラー油や花椒粉をかける。

Point

夫の大好物。お店用は激辛にはしませんが、我が家では鷹の爪を足して豆板醤も多めに使います。

大豆ミートのしょうが焼き

Recipe 23

材料 (2名分)

大豆ミート (スライス)	30g
玉ねぎ	100g
Ⓐ 醤油	大さじ1
みりん	大さじ1
水	大さじ1
おろししょうが	小さじ1/2
白こしょう	適量
塩	ひとつまみ
片栗粉	大さじ1
なたねサラダ油	大さじ1

作り方

【下準備】
大豆ミートは戻して絞っておく。玉ねぎは縦に薄切りにする。

1. Ⓐをよく混ぜて大豆ミートに揉み込み、軽く絞って片栗粉をまぶす。絞り汁はとっておく。

2. フライパンに油を熱し、大豆ミートを両面こんがり色づくまで焼いて、一度フライパンから取り出す。

3. 玉ねぎに塩をふって炒め、ほんのりきつね色になったら、2の大豆ミートを加え、絞り汁を加えて絡めながら炒める。

4. お好みでキャベツの千切りやソイマヨネーズ (P.25参照) を添える。

--- *Point* ---

ご飯がすすむ定番おかず。たっぷりの千切りキャベツと一緒にどうぞ。

車麩のカルビ風

Recipe **24**

材料 (2名分)

車麩		2枚
片栗粉		小さじ1
なたねサラダ油		適量

Ⓐ
水		150cc
醤油		小さじ2
料理酒		小さじ1

Ⓑ
醤油		小さじ2
りんごジュース		大さじ2
みりん		小さじ2
水		大さじ1
長ねぎ (みじん切り)		20g
おろしにんにく		小さじ1/4
おろししょうが		小さじ1/2
豆板醤		小さじ1/4
ごま油		小さじ1

作り方

1. **Ⓐ**を鍋に入れて火にかけ、沸騰したら火を止めて車麩を入れる(なるべく重ならないように)。

2. 芯までやわらかくなったら半分に切り、両手ではさむように優しく水気を絞って片栗粉をまぶす。

3. フライパンになたねサラダ油を熱し、車麩を両面こんがりと焼く。**Ⓑ**を合わせて加え、水分がなくなるまで絡める。

4. お好みで白髪ねぎ(分量外)を散らす。

Recipe 25 │ 車麩の照り焼き

材料（2名分）

車麩	2枚
片栗粉	大さじ1
なたねサラダ油	適量

Ⓐ
水	150cc
醤油	小さじ1
料理酒	小さじ1
おろしにんにく	小さじ1/8
おろししょうが	小さじ1/8

Ⓑ
醤油	大さじ1
水	大さじ1
みりん	大さじ1

作り方

1. **Ⓐ**を鍋に入れて火にかけ、沸騰したら火を止めて車麩を入れる（なるべく重ならないように）。
2. 芯までやわらかくなったら半分に切り、両手ではさむように優しく水気を絞って、片栗粉をまぶす。
3. フライパンになたねサラダ油を熱し、車麩を両面こんがりと焼く。**Ⓑ**を合わせて加え、水分がなくなるまで絡める。

車麩の肉じゃが風

Recipe 26

Point

車麩は煮る前に素揚げすることで、
麩特有のクセが和らぎます。

材料（作りやすい量）

車麩	2枚
じゃがいも	200g
玉ねぎ	100g
にんじん	100g
なたねサラダ油	大さじ1/2
なたねサラダ油（揚げ油）	適量
Ⓐ 昆布だし汁（P.15参照）	150cc
醤油	大さじ2
みりん	大さじ1
料理酒	大さじ1
きび糖	大さじ1

作り方

【下準備】

車麩は乾燥のままきつね色になるまで素揚げし、ひと口大に切っておく。手で割ってもOK。じゃがいもは皮をむいてひと口大に切る。玉ねぎはくし切りにする。にんじんはひと口大に切る。

1. 鍋にサラダ油を熱し、玉ねぎとにんじんを炒める。油が回ったらⒶを加える。

2. 1が沸いたら火を止めて車麩を加え、車麩がやわらかくなるまで5分ほど置いて戻す。

3. 火にかけて5分煮て、じゃがいもを加えて落とし蓋をしてさらに10分煮る。

4. 火からおろして一度完全に冷まし、もう一度温める。味が足りないようなら、醤油（分量外）で味をととのえる。

Recipe 27 | おからこんにゃくのエスカベッシュ

材料 （2名分）

おからこんにゃく	180g
塩	適量
白こしょう	適量
片栗粉	適量
なたねサラダ油	適量
にんじん	30g
セロリ	20g
玉ねぎ	20g
パプリカ（黄）	20g
しょうが	5g
塩	ひとつまみ
ディル	適量

Ⓐ 米酢 50cc、水 50cc、みりん 大さじ1、醤油 小さじ1、塩 小さじ1/2

作り方

【下準備】

おからこんにゃくは5ミリの厚さにスライスし、塩、白こしょうをふって片栗粉をまぶす。玉ねぎ、にんじん、セロリ、パプリカ、しょうがは千切りにして合わせておく。

1. おからこんにゃくを180℃の油でカラッと揚げ、油が切れたらバットに並べる。千切り野菜を上にのせて塩をひとつまみふる。

2. Ⓐを合わせて沸かし、1に回しかける。ピタッとラップをして冷まし、1時間以上味をなじませる。お好みでディルを散らす。

おからこんにゃくのルーローファン

材料 (2名分)

おからこんにゃく	180g
玉ねぎ	50g
地粉	大さじ1
にんにく (みじん切り)	小さじ1
しょうが (みじん切り)	小さじ1
Ⓐ 醤油 大さじ2、みりん 大さじ2、きび糖 小さじ1、八角 1個	
五香粉	小さじ1/4
なたねサラダ油 (揚げ油)	適量
ごま油	大さじ1/2
ごはん	2杯分
長ねぎ (白い部分)	4cmくらい
糸唐辛子	適量
塩	適量

作り方

【下準備】

おからこんにゃくはフードプロセッサーにかけて大きめのミンチにする。玉ねぎは縦に薄切りにする。長ねぎは千切りにする。

1. 玉ねぎに地粉をまぶして160℃の油で3〜4分くらいカリッとするまで揚げる。

2. フライパンにごま油、にんにく、しょうがを入れて中火にかけ、香りが立ってきたらおからこんにゃくを加えて炒める。

3. 全体に油が回ったらⒶと1の玉ねぎ、ひたひたの水を加えて煮る。

4. 汁気が少なくなったら塩と五香粉で味をととのえ、ごはんにかけて白髪ねぎと糸唐辛子をのせる。

Point

玉ねぎに地粉をまぶして揚げることで、香ばしさとコクを出します。地粉がほどよいとろみづけにもひと役買っています。

Chapter 4

野菜だけでもボリューム満点！
主菜おかず

野菜が主役の食べ応えがあるフ
ルウントの絶品メニュー！「野
菜ってこんなにおいしいんだ！」
と改めて実感できますよ。

Point

私のスペシャリテのひとつ。スパイスとハーブのバラン
スや、トマトの酸味とレーズンの甘味の組み合わせが
気に入っています。パンやバルガーウィートと合わせ
るのもいいし、ごはんにかけるのもおすすめです。

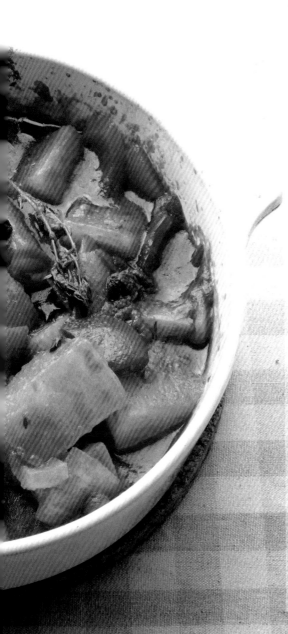

大根のスパイストマト煮

材料 （作りやすい量）

大根	400g
玉ねぎ	100g
パプリカ	50g
にんにく（みじん切り）	小さじ1/2
クミンシード	小さじ1/2
塩	小さじ1/2
オリーブオイル	大さじ2

Ⓐ
トマト水煮	200g
レーズン	大さじ1
クミンパウダー	小さじ1/2
コリアンダーパウダー	小さじ1
ローリエ	1枚
ローズマリー	1枝
タイム	1枝
マッサ（P.25参照）	小さじ1

作り方

【下準備】
大根はひと口大に切り、水からゆでる。竹串がスッと刺さるようになったらザルにあげておく。玉ねぎとパプリカは角切りにする。

1. 鍋ににんにくとクミンシード、オリーブオイルを入れて弱火にかけ、香りが立ってきたら玉ねぎ加えて塩をひとつまみ（分量から）ふり、しんなりするまで中火で炒める。

2. 大根とパプリカを加えて塩を2つまみふり、クミンパウダー、コリアンダーパウダーを加えて油がなじむまで炒める。

3. Ⓐと残りの塩、ひたひたの水を加えて煮る。沸騰したら弱火にして落とし蓋をし、10分煮る。一度冷ましてもう一度10分煮て、必要なら塩で味をととのえる。

Recipe 30 | 大根のステーキ

材料 （2名分）

大根（2cmの厚さのスライス） ……………… 2枚
ベジブロス（P.22～23参照） ………………適量
醤油 ………………………………………… 小さじ2
ごま油………………………………………… 小さじ2
黒こしょう ……………………………………少量
大葉 …………………………………………… 2枚

作り方

1. 大根は両面に浅い格子状の切り込みを入れる。鍋に大根とひたひたのベジブロスを入れて火にかけ、竹串がすっと刺さるまでゆでる。

2. フライパンにごま油を熱し、大根を両面焼き色がつくまで弱めの中火でじっくり焼く。

3. 醤油を回し入れて焼きつけ、黒こしょうをふる。お好みで千切りした大葉を添える。

Point

ベジブロスがない場合は昆布だし（P.15参照）や、ただの水でもOKです。

キャベツのステーキ

材料 （2名分）

キャベツ	1/4個
にんにく	1片
オリーブオイル	大さじ2
塩	小さじ1/4
黒こしょう	少量
白ワイン	大さじ2
ミニトマト	6個
タイム	2枝

Point

火入れの度合いはお好みですが、春キャベツならほどよくシャキシャキに、冬キャベツならじっくりやわらかく仕上げるのがおすすめ。

作り方

【下準備】
キャベツは芯をつけたまま縦半分に切る。にんにくは包丁の腹で押さえて軽く潰す。ミニトマトは縦半分に切る。

1. フライパンにオリーブオイル、にんにく、タイムを入れて弱火にかける。香りが立ってきたらキャベツを入れ、塩の半量をふって中火でしっかり焼き色がつくまで焼く。

2. 裏返して残りの塩をふり、白ワインを加えて蓋をして蒸し焼きにする。途中で蓋を開けて水を足しながらお好みの硬さになるまで火を入れ、皿に盛って黒こしょうをふる。

3. フライパンにミニトマトを入れ、フライパンに残ったオイルや水分と軽く炒め合わせ、キャベツに添える。

Recipe 32 | にんじんのフライ

Point

にんじんフライはベジ料理の定番。一般的にはにんじん
を蒸して作ることが多いですが、私は試行錯誤の末、
オーブンで蒸し焼きにしています。一緒にローズマリー
を入れると、ほんのり香りが移ります。

材料 (2名分)

にんじん	1本
塩	4つまみ
ローズマリー	適量
地粉	適量
パン粉	適量
なたねサラダ油 (揚げ油)	適量
豆腐のタルタルソース (P.31参照)	適量

作り方

1. にんじんを縦に4等分し、それぞれ塩ひとつまみをすり込んで、アルミホイルで包む。この時にローズマリーを一緒に入れると香りがついてよりおいしい。200℃のオーブンで25分前後焼く。

2. ホイルからにんじんを取り出し、地粉をまんべんなくなくまぶし、余分な粉をはたく。地粉に水を加えて混ぜ（溶き卵くらいの濃度に）、にんじんをくぐらせ、パン粉をまぶして180℃の油でこんがり揚げる。

3. お好みでソースや豆腐のタルタルソースを添える。

米粉ホワイトソースの マカロニグラタン

材料 (2名分)

玉ねぎ	100g
厚揚げ	100g
マカロニ	50g
じゃがいも	150g
塩	適量
オリーブオイル	小さじ2
米粉ホワイトソース (P.38参照)	400cc
ニュートリショナルイースト	適量

作り方

【下準備】
玉ねぎは縦に薄切りにする。じゃがいもは5ミリの厚さのいちょう切りにする。厚揚げはひと口大に切る。マカロニは表示通りにゆでておく。

1. フライパンにオリーブオイルを熱し、玉ねぎに塩をひとつまみふって炒める。

2. 玉ねぎがしんなりしてきたらじゃがいもを加え、塩をひとつまみふって炒める。全体に油がなじんだら水を少し加えて蓋をして、じゃがいもがやわらかくなるまで蒸し炒めにする。

3. 厚揚げ、マカロニを2と合わせてグラタン皿に入れ、米粉のホワイトソースをかける。ニュートリショナルイーストをふりかけ、230℃のオーブンで20分前後、こんがり焦げ目がつくまで焼く。

Recipe 34 | 厚揚げのホイル焼き ココナッツソース

材料 （2名分）

厚揚げ	160g
玉ねぎ	30g
えのき	20g
Ⓐ ┌ ココナッツミルク	大さじ2
醤油	小さじ2
みりん	小さじ2
レモン果汁	小さじ1/4
└ おろしにんにく	小さじ1/8
塩	適量

Point

なんとなく南の島をイメージしたメニュー。
ホイルを開けるとココナッツの甘い香りが
飛び出します。

作り方

【下準備】
厚揚げは5ミリの厚さに切る。玉ねぎは縦に薄切りにする。えのきは石づきを落として半分の長さに切る。

1. ホイルを2枚広げ、それぞれ1人分ずつ厚揚げを並べ、玉ねぎとえのきをのせて軽く塩をふる。

2. Ⓐを合わせて1にかけ、ホイルでぴっちり包む。230℃のオーブンで15分焼く。

Recipe 35 | きゅうりと厚揚げのチャンプル

材料（2名分）

きゅうり	100g
厚揚げ	150g
なたね油	小さじ2
Ⓐ 醤油	大さじ1
みりん	大さじ1
おろししょうが	小さじ1/2
すりえごま	小さじ2
塩	適量
白こしょう	適量

作り方

【下準備】
きゅうりは乱切りにする。厚揚げは手で小さめのひと口大にちぎる。

1. フライパンに油を熱し、きゅうりに塩をひとつまみふって炒める。
2. きゅうりに中まで火が入ってしんなりしてきたら、厚揚げとⒶを加えて、水分がほとんどなくなるまで炒め合わせる。塩、白こしょうで味をととのえる。

――― *Point* ―――

厚揚げは手でちぎることで、硬めのところ、崩れたところ、皮の部分といろいろな食感が楽しめ、味のなじみもいいです。きゅうりは中途半端に火を入れるよりしっかり炒めたほうがおいしいですよ。

Recipe 36 ｜ かぶの白ワイン煮

材料 （2名分）

かぶ	2個
白ワイン	大さじ4
オリーブ（塩漬け）	4粒
ローリエ	1枚
塩	小さじ1/2
ベジブロス（P.22～23参照、水でも可）	適量

作り方

【下準備】

かぶは縦4等分に切る。オリーブは2ミリの厚さに輪切りにする。

1. 鍋に材料をすべて入れ、かぶるくらいのベジブロスを注いで火にかける。

2. 沸騰したらやや弱火にし、落とし蓋をして5分煮る。

3. 火を止めて、そのまま冷ます。

Point

かぶは煮すぎると崩れてしまうので、煮る時間は短くてOK。余熱＋冷めていく過程で味がしみ込みます。冷蔵庫で冷やしても、食べる前に軽く温め直しても、どちらでもおいしいです。

Chapter 5

和ヴィーガンレシピ

健康食としても世界で評価の高い"和食"。特に精進料理はヴィーガンの人たちからも"和ヴィーガン"として注目されています。ここではフルウント流の和ヴィーガンレシピを紹介します。

炒り卵風豆腐

マグロ風ビーツ

たらこ風アマランサス

サーモン風にんじん

Recipe 37 | 海鮮ちらし寿司

材料 （2名分）

炊きたてのごはん ……………………………… 2杯分
- **A**
  - 米酢 ………………………………………… 大さじ2
  - 塩 …………………………………………… 小さじ1/2
  - きび糖 ……………………………………… 大さじ1

炒り卵風豆腐 （P.70参照）
たらこ風アマランサス （P.70参照）
まぐろ風ビーツ （P.71参照）
サーモン風にんじん （P.71参照）
その他お好みで
（アボカド、かいわれ大根、すだち、いんげん、刻み海苔 など）

作り方

1. **A**を合わせてごはんに回しかけ、しゃもじで切るように混ぜ込む。
2. 全体がなじんだら、うちわであおいで冷ます。
3. 器に酢飯を盛り、お好みの具を散らす。

炒り卵風豆腐

材料 （作りやすい量）

木綿豆腐	200g
ブラックソルト	小さじ1/3
きび糖	小さじ1
ターメリックパウダー	ほんの少し
なたねサラダ油	小さじ1/2

作り方

【下準備】
木綿豆腐を手でざっくり割って、水からゆでる。
沸騰したらザルにあげて、水気を切っておく。

1. フライパンに油を熱し、木綿豆腐、ブラックソルトひとつまみ（分量から）、きび糖、ターメリックパウダーを加え、木ベラで豆腐を潰しながら炒める。水気が飛んだら火を止め、残りのブラックソルトを加えて混ぜる。

たらこ風アマランサス

材料 （作りやすい量）

	アマランサス	50g
	水	100cc
	塩	ひとつまみ
Ⓐ	紅玉梅酢	小さじ1/2
	醤油	小さじ1/2
	なたねサラダ油	小さじ1/2
	パプリカパウダー	小さじ1/4

作り方

1. アマランサスは茶漉しなど目の細かいものを使って洗い、水気を切って鍋に入れる。

2. 水と塩を加えて中火にかけ、沸騰したらそのまま2分煮る。極弱火にして蓋をし、15分炊く。

3. Ⓐを加えてよく混ぜる。

Point

アマランサスとはヒユ科ヒユ属の植物で、ひえやきびなどのイネ科の穀類ではないため、「疑似穀類」に分類されます。ベジタリアンやヴィーガンの間でも、スーパーフードとして人気の食材です。これをだし汁や豆乳でのばして醤油を足せば、パスタソースとしても使えます。

まぐろ風ビーツ

材料（作りやすい量）

ビーツ（加熱したもの）……………………適量
Ⓐ ┌ 醤油……………………………………適量
　　└ わさび…………………………………適量

作り方

【下準備】
ビーツの下処理をする。皮ごとホイルで包み、
200℃のオーブンで1時間前後、竹串がすっと通
るまで焼く。粗熱が取れたらホイルを取り、皮
をむく（手でつるっと簡単にむけます）。

1. **Ⓐ**をよく混ぜ、1センチ角に切ったビーツと
　合わせてなじませる。

サーモン風にんじん

材料（作りやすい量）

にんじん…………………………………………適量
塩……………………………………………………適量
白こしょう………………………………………適量

作り方

1. にんじんはピーラーで長細くスライスする。
2. 30秒ほどゆでて水気を切り、塩と白こしょう
　であえる。

Column

食材を無駄にしないために

　食品ロスは社会問題にもなっており、日本の食品廃棄物等は年間2531万トンで、その中
で本来食べられるのに捨てられる「食品ロス」の量は年間600万トンにも及びます。その
うち家庭系食品ロスは276万トンです。なるべく無駄なく食材を使い切るため、こんな工
夫をしています。
・賞味期限が迫った豆腐はとりあえず冷凍にする（パックのままでOK）。後日解凍してか
　らあげや炒め物に。
・使い切れない野菜は干し野菜に。また、マッシュやペーストにして冷凍する。
・使い切れないフレッシュハーブはオイルやビネガーに漬ける。
・野菜くずはベジブロスに（P.22〜23参照）。

Recipe 38 炒り卵風豆腐と大豆ミートそぼろの二色丼

材料 （2名分）

木綿豆腐	200g
ブラックソルト	小さじ1/3
きび糖	小さじ1
ターメリックパウダー	ほんの少し
なたねサラダ油	小さじ1/2
大豆ミート（ミンチ）	40g
Ⓐ おろししょうが	小さじ1/2
醤油	大さじ2
料理酒	大さじ1
みりん	大さじ2
絹さや	2本
ごはん	2杯分

作り方

【下準備】

豆腐を手でざっくり割って水からゆでる。沸騰したらザルにあげて、水気を切っておく。大豆ミートは戻して絞っておく。

1. 炒り卵風を作る。フライパンにサラダ油を熱し、豆腐、ブラックソルトひとつまみ（分量から）、きび糖、ターメリックパウダーを加え、木ベラで豆腐を潰しながら炒める。水気が飛んだら火を止め、残りのブラックソルトを加えて混ぜる。

2. 鶏そぼろ風を作る。フライパンに大豆ミートとⒶ、ひたひたの水を加えて火にかける。水気がなくなるまで煮詰める。

3. ごはんの上に1と2をのせ、お好みでゆでた絹さやを飾る。

Point

お弁当にもおすすめ。フルウントではテイクアウトのゴミを少しでも減らすため、リユースお弁当箱のサービスも始めました。

ひじきとドライトマトの煮物

材料 （2名分）

長ひじき	15g
ドライトマト	10g
油揚げ	25g
醤油	大さじ1
みりん	大さじ1
オリーブオイル	大さじ1

Point

私は長ひじきのむちっとした食感が好きですが、芽ひじきでもおいしく作れます。

作り方

【下準備】

長ひじきはさっと洗ってぬるま湯に5分ほど浸け（少し硬いくらいで大丈夫）、キッチンバサミで食べやすい長さに切っておく。ドライトマトは刻む。油揚げは細切りにする。

1. 鍋に材料をすべて入れ、ひたひたの水を加えて火にかける。沸いたらやや火を弱め、蓋をして10分煮る。

2. 火を止めて一度冷まし、もう一度火にかけて水気がほとんどなくなるまで煮含める。

豆腐のからあげ 青ねぎ花椒ソース

材料 (2名分)

木綿豆腐 ································· 200g

- 醤油 ···································· 小さじ2
- 料理酒 ································ 大さじ1/2
Ⓐ おろしにんにく ···················· 小さじ1/2
- おろししょうが ···················· 小さじ1/2
- 白こしょう ························· 少量

片栗粉 ································· 大さじ2
なたねサラダ油 ························ 適量
青ねぎ花椒ソース (P.103参照) ··········· 適量

作り方

【下準備】
豆腐は一度凍らせて解凍しておく。

1. 豆腐はひと口大に切り、水気を絞る。まとめて握ると崩れてしまうので、1個ずつ絞る。
1. Ⓐを合わせて1に揉み込む。優しく絞って吸わせてを数回繰り返してまんべんなく下味をつけ、片栗粉を加えてまぶす。
3. 180℃に熱した油でこんがりと揚げる。
4. 青ねぎ花椒ソースをかける。

厚揚げの梅照り焼き

材料 （2名分）

厚揚げ	200g
地粉	大さじ1
梅干し	大1個
⒜ きび糖	小さじ1/2
みりん	大さじ1
醤油	大さじ1
水	大さじ1
ごま油	小さじ2
大葉	適量

作り方

【下準備】
厚揚げは1センチの厚さに切り、小麦粉をまぶす。梅は種を取って潰し、⒜と合わせておく。

1. フライパンにごま油を熱し、厚揚げの両面をこんがりと焼く。
2. ⒜を加えて、汁気がなくなって照りが出るまで炒め絡める。
3. お好みで刻んだ大葉を散らす。

─── *Point* ───

厚揚げは豆腐と比べて水切りせずに使えるのが手軽。皮の歯応えや香ばしさで食べ応えも出るので、ヴィーガン料理には欠かせません。

厚揚げのみぞれ野菜あんかけ

材料 (2名分)

厚揚げ	200g
大根	150g
長ねぎ	50g
えのき	20g
小松菜	50g
しょうが	5g
昆布だし汁 (P.15参照)	100cc
醤油	大さじ1
みりん	小さじ1
塩	適量
片栗粉	小さじ2 (同量の水で溶く)
片栗粉	適量
なたねサラダ油	適量
醤油	小さじ2

作り方

【下準備】

厚揚げは1センチの厚さにスライスし、醤油をまぶしておく。大根はすりおろす。長ねぎは斜めにスライス、小松菜は4センチの長さに切り、えのきは石づきを落として半分の長さに切る。しょうがは千切りにする。

1. 鍋にえのき、小松菜、長ねぎを入れて塩をふり、だし汁の半量を加えて蓋をし、蒸し煮にする。やわらかくなったら残りのだし汁、醤油、みりん、大根おろし、しょうがを加える。一度火を止めて水溶き片栗粉を加え、1分くらい煮立ててとろみをつける。

2. 厚揚げに片栗粉をまぶして、サラダ油を熱したフライパンで両面こんがりと焼く。器に盛って、1のみぞれあんをかける。

Point

大根は粗くおろせる鬼おろしがおすすめ。

43 | れんこんの黒ごまあえ

材料 (2名分)

れんこん ……………………………… 100g

Ⓐ
- 黒すりごま ……………………… 大さじ1/2
- 醤油 ……………………………… 大さじ1/2
- きび糖 …………………………… 小さじ1/2
- 米酢 ……………………………… 小さじ1/2
- ごま油 ……………………………… 小さじ1
- しょうがみじん切り ……… 大さじ1/2

作り方

1. れんこんは長さ4センチ、幅1センチの棒状に切り、5分ぐらいゆでる。
2. Ⓐを合わせて、れんこんに絡める。

切り干し大根入り大根餅

材料 （10個分）

大根	……………………	150g
A 白玉粉	……………………	90g
地粉	……………………	10g
片栗粉	……………………	6g
塩	……………………	小さじ1/4
切り干し大根	……………………	10g
なたね油	……………………	大さじ1
醤油	……………………	大さじ1
みりん	……………………	大さじ1
粉山椒	……………………	適量
青ねぎ （小口切り）	……………………	適量

作り方

【下準備】

大根はすりおろして軽く絞る。汁も捨てずにとっておく。切り干し大根はぬるま湯でさっと洗ってザルにあげ、やわらかくなったら細かく刻む。

1. **A**と大根おろし、切り干し大根を合わせ、粉気がなくなるまでよくこねる。硬いようなら大根の汁を少しずつ足して、耳たぶよりやや硬めの生地にする。

2. 10等分にして丸め、平たく成型する。なたね油を熱したフライパンで両面うっすら焼き色がつくまで焼いたら、水を少し入れて蓋をし、3分くらい蒸し焼きにする。

3. 蓋をとって醤油とみりんを加え、照りが出るまで絡める。火を止めて、お好みで粉山椒と青ねぎを散らす。

Chapter 6

お腹いっぱいでももたれない!
麺類&ごはんもの

いちじくとソイカッテージチーズの カッペリーニ

Recipe 45

作り方

1. ソイカッテージチーズを作る。小鍋に豆乳を入れて弱火
　にかけ、鍋肌がフツフツいってきたら火を止めて米酢を
　加えて軽く混ぜる。透明な水分と白い固形分に分離す
　るまで5分ほど置き(うまく分離しない場合はもう一度
　火にかけ少し温める)、キッチンペーパーを使って濾す。
　冷めたらペーパーごと軽く水気を絞り、サラダ油と塩を
　合わせてよく混ぜる。

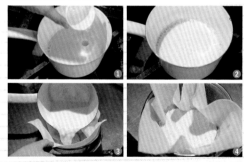

2. パスタソースを作る。いちじくは飾り用に少し残し、1
　センチくらいの角切りにする。Ⓐを合わせて混ぜ、よく
　冷やしておく。

3. カッペリーニをゆでて氷水で冷やし、しっかり水気を切
　る。ソースの半量とよく混ぜて(必要なら塩で味をとと
　のえる)器に盛り、残りのソースとソイカッテージチー
　ズ、いちじくを飾る。

腹持ちするけど、とってもヘルシーなヴィーガンの麺類＆ごはんもの。

パスタ、そうめん、中華麺、パエリア、リゾットなど、すべてワンプレート

で大満足できるメニューです。

材料（2名分）

カッペリーニ	140g
いちじく	200g

Ⓐ
おろしにんにく	小さじ1/8
黒こしょう	適量
赤ワインビネガー	大さじ3
オリーブオイル	大さじ2
ディル（みじん切り）	2本
塩	小さじ1/2

豆乳	180cc
米酢	小さじ2
塩	ひとつまみ
なたねサラダ油	小さじ1

Point

この料理も私のスペシャリテ。ソイカッテージチーズを添えるのがポイントです。

Recipe 46 | きのこの和風パスタ

材料（2名分）

全粒粉スパゲティ	160g
長ねぎ	50g
きのこ（お好きなものを1種類でもミックスでも） 合計	200g
しょうが	20g
料理酒	大さじ2
醤油麹（P.24参照。醤油でも可）	大さじ2
カメリナオイル	大さじ2
塩	適量
白こしょう	適量
刻み海苔	適量

作り方

【下準備】
長ねぎは斜め薄切りにする。しょうがは千切りにする。きのこはそれぞれ石づきを落として食べやすい大きさに切る。

1. フライパンにカメリナオイルの半量を熱し、きのこを加えて塩をひとつまみふり、よく炒める。長ねぎも加えて塩をひとつまみふり、しんなりするまで炒める。

2. 酒としょうがを加えて炒め、アルコールが飛んだら醤油麹を加える。

3. ゆでたパスタとゆで汁（100ccくらい）、残りのカメリナオイルを加え、よく混ぜて乳化させる。塩、白こしょうで味をととのえ、器に盛って刻み海苔を散らす。

> *Point*
>
> しっかり炒めたきのこに酒としょうがを組み合わせると、まるでアサリの酒蒸しのような風味に。白ワインを使ってボンゴレビアンコ風のアレンジもできますよ。このレシピには全粒粉のパスタがより合います。

| # かぼちゃの酒粕豆乳クリームパスタ

材料（2名分）

フィットチーネ	160g
かぼちゃ	250g
玉ねぎ	100g
しょうが（みじん切り）	小さじ1/2
豆乳	100cc
酒粕	30g
塩	適量
黒こしょう	適量
オリーブオイル	大さじ1

― *Point* ―

酒粕がチーズのようなコクを
演出してくれます。パスタは幅
広のものが合います。

作り方

【下準備】
かぼちゃは2センチ角に切る。玉ねぎはみじん切りにする。

1. 鍋にオリーブオイルを熱し、しょうがと玉ねぎに塩をひとつまみ（分量から）ふって炒める。玉ねぎがうっすら色づいてきたらかぼちゃを加え、軽く炒める。

2. 全体に油が回ったら、残りの塩、酒粕、ひたひたの水を加え、沸騰したら火を弱めてかぼちゃがやわらかくなるまで蒸し煮する。

3. かぼちゃを崩しながら豆乳を加え、沸騰直前で火を止める。必要なら塩で味をととのえ、水分が少なければパスタのゆで汁を少し足す。

4. ゆでたパスタにソースをかけて黒こしょうをひく。

ケチャップとソースをグツグツ煮詰めるのが、よりおいしく作るコツ。酸味が飛んでコクとまろやかさが出ます。ナポリタンの時のスパゲッティはあえて1分ほど長めにゆで、ブヨッとした懐かしい感じに仕上げます。

Recipe 48 切り干し大根のナポリタン

材料（2名分）

スパゲッティ……………………160g
切り干し大根……………………20g
にんにく（みじん切り）…………小さじ1
玉ねぎ……………………………100g
ピーマン…………………………60g
マッシュルーム…………………4個
オリーブオイル…………………大さじ3
ケチャップ………………………大さじ5
中濃ソース………………………大さじ1
塩…………………………………適量
黒こしょう………………………適量
パセリ（みじん切り）……………適量
ニュートリショナルイースト（あれば）
　…………………………………適量

作り方

【下準備】
切り干し大根はぬるま湯でさっと洗ってザルにあげ、キッチンバサミで食べやすい長さに切っておく。玉ねぎは縦に薄切り、ピーマンは細切り、マッシュルームは薄切りにする。

1. フライパンにオリーブオイルを熱して、マッシュルームをさっと炒める。マッシュルームをはじに寄せて鍋底を空け、にんにくを香りが立つまで炒め、玉ねぎ、ピーマンも加えて塩をひとつまみふり、しんなりするまで炒める。

2. 具を寄せて鍋底を空け、ケチャップと中濃ソースを加えて1分くらい煮詰める。ゆでたスパゲッティを加えて炒め合わせ、塩、黒こしょうで味を調える。器に盛ってパセリとニュートリショナルイーストを散らす。

もずくとチアシードのそうめん

材料 （2名分）

もずく ·· 70g

　┌ チアシード（浸水したもの）····· 大さじ2
　│ おろしにんにく ················· 小さじ1/2
Ⓐ│ 醤油·································· 大さじ2
　│ グレープシードオイル ····· 大さじ2
　└ ゆずこしょう ··········· 適量（お好みで）
そうめん ··· 2わ
大葉 ·· 適量

作り方

1. もずくを刻んで、Ⓐと合わせよく混ぜる。
2. そうめんをゆでて冷水で洗い、水気をよく切って器に盛る。ソースをかけて、お好みで大葉を添える。

Point

チアシードは浸水して使います。チアシード大さじ1と水150ccを清潔なタッパーや瓶に入れてよく混ぜ、冷蔵庫で12時間以上浸水させます。5日くらいもつので、常備しておくとドレッシングやスムージーにすぐに使えて便利です。もずくソースはそうめん以外の麺とも合うし、揚げなすや揚げ出し豆腐に添えるのもおすすめ。

舞茸のあえそば

Recipe 50

材料（2名分）

中華麺‥‥‥‥‥‥‥‥‥‥‥‥‥ 2玉
舞茸のピリ辛ダレ（P.102参照）
‥‥‥‥‥‥‥‥‥‥‥‥‥‥‥ 大さじ2〜3
ごま油‥‥‥‥‥‥‥‥‥‥‥‥‥ 大さじ2
青ねぎ（小口切り）‥‥‥‥‥‥‥ 適量

作り方

1. 中華麺をゆでて、ごま油であえる。
2. 舞茸のピリ辛ダレをのせて、青ねぎを散らす。

Point

酢をかけて食べるのもおすすめです。

Recipe 51 | ベジブロスのフォー

材料（2名分）

ライスヌードル		140g
A	ベジブロス	600cc
	パクチーの根	2本
	八角	1個
	豆もやし	100g
	醤油	大さじ2
	黒こしょう	適量
パクチー		適量
ミント		適量
紫玉ねぎ		適量
塩		適量
レモンスライス		2枚

作り方

【下準備】
ライスヌードルはぬるま湯に20分くらい浸けて戻す。パクチーとミントはざく切りにする。紫玉ねぎは薄切りにする。

1. 鍋に**A**を入れて火にかけ、沸騰したらザルで濾す。パクチーの根は取り除く。豆もやしはトッピングにするので、余熱でやわらかくなりすぎないようにザルに広げて冷ましておく。

2. 1のスープを沸かし、戻したライスヌードルを加えてやわらかくなるまでゆでる（種類にもよるがだいたい2分前後）。必要なら塩で味をととのえる。

3. 器に盛り、豆もやし、パクチー、ミント、紫玉ねぎ、ライムをトッピングする。

Point

塩加減は気持ち薄いかなくらいにとどめて。じんわり優しいスープにパクチーや八角の香りがアクセントになり、食欲のない時でもスルスル入ります。

Recipe 52 ｜ ベジパエリア

材料 （2名分）

米	170g
玉ねぎ	100g
パプリカ（黄）	60g
しめじ	50g
いんげん	4本
オリーブオイル	大さじ2
ミニトマト	6個
にんにく（みじん切り）	小さじ1
Ⓐ サフラン ひとつまみ（10本くらい）、ベジブロス（P.22〜23参照）250cc、白ワイン 30cc、塩 小さじ1/2	
イタリアンパセリ	適量
レモン	適量

作り方

【下準備】
玉ねぎはみじん切りにする。ミニトマトは縦半分に切る。パプリカは半分は飾り用に棒切りにし、残りはみじん切りにする。しめじは石づきを落としてほぐす。いんげんは筋を取って3分ほど下ゆでし、半分の長さに切っておく。レモンはくし切りにする。

1. フライパン（蓋のできるもの。鍋でもOK）にオリーブオイルの半量を熱してしめじに塩（分量から）をひとつまみふってよく炒める。しめじをはじに寄せて鍋底を空け、にんにくを香りが立つまで炒める。玉ねぎ、パプリカも加え、塩（分量から）をひとつまみふってしんなりするまで炒め、一度フライパンから取り出す。

2. フライパンに残りのオリーブオイルを熱し、米を加えて3分くらい炒める。1の具、ミニトマト、Ⓐを加えてざっと混ぜる。

3. グツグツいってきたら、ミニトマトの位置を決め、飾り用のパプリカを並べ、蓋をして弱火で15分炊く。一度蓋を開けていんげんを並べ、すぐに蓋をして10分蒸らす。レモンをのせて黒こしょうをひく。

Recipe 53 | ひよこ豆のココナッツトマトカレー

材料 (2名分)

ひよこ豆 (水煮)	150g
玉ねぎ	100g
トマト	80g
ココナッツミルク	200g

Ⓐ
- ココナッツオイル (またはサラダ油) …… 大さじ1
- にんにく (みじん切り) …… 小さじ1
- しょうが (みじん切り) …… 小さじ1
- クミンシード …… 小さじ1
- コリアンダーシード …… 小さじ1/2
- シナモンスティック …… 1本
- ローリエ …… 1枚

Ⓑ
- クミンパウダー …… 小さじ4
- コリアンダーパウダー …… 小さじ2
- ターメリックパウダー …… 小さじ1
- フェネグリークパウダー …… 小さじ1/2

塩	小さじ1～1と1/2
黒こしょう	少量
きび糖	小さじ1/2
レモン果汁	小さじ2
ごはん	2杯

●**ひよこ豆のゆで方**(ゆでると2～2.5倍になります)

乾燥ひよこ豆を洗い、5倍の水につけて冷蔵庫で一晩浸水させる。一度水を捨て、かぶるくらいの水を注いで火にかける。沸騰したら火を弱め、好みの硬さになるまでゆで(20分前後)、煮汁に浸けたまま冷ます。

作り方

【下準備】
玉ねぎはみじん切りに、トマトは角切りにする。

1. 鍋に**Ⓐ**を入れて中火にかける。ジュワジュワとなってスパイスのいい香りが立ってきたら、玉ねぎを加え、塩(分量から)をひとつまみふってきつね色になるまで炒める。

2. **Ⓑ**を加えてさっと炒め、トマトと塩(分量から)をひとつまみ加え、トマトに火が入ってとろっとするまで炒める。

3. ひよこ豆とココナッツミルク、残りの塩、きび糖、レモン汁を加え、10分くらい煮る。お好みでココナッツフレークを散らす。

Point

ひよこ豆は手軽に水煮缶を使ってもいいですが、自分でゆでたものは風味も歯応えもいいのでぜひ。

Point

単にスープで煮ただけでは洋風の雑炊になってしまいま
す。なめらかでありながら、しっかり米粒の食感を残し、
さらっと仕上げるポイントは…。

①米をよく炒めること。油分でコーティングしてしっかり火
　を入れることででんぷんが出にくくなります。
②水分は3〜4回に分けて、温めたものを加えます。
③混ぜすぎもベタベタする原因になるので気をつけて。

Recipe 54 | ごぼうとドライトマトのリゾット

材料（2名分）

米	150g
オリーブオイル	大さじ2
ベジブロス（P.22〜23参照）	600cc
ローリエ	1枚
赤ワイン	大さじ2
ごぼう	80g
ドライトマト	10g
にんにく（みじん切り）	小さじ1/2
塩	小さじ1
黒こしょう	適量
ニュートリショナルイースト	適量

作り方

【下準備】
ごぼうは半分は斜め薄切り、半分はみじん切りにする。ドライトマトは刻んでおく。

1. 鍋にオリーブオイルの半量を熱し、ごぼうに塩（分量から）をひとつまみふって炒める。土臭さが飛んで、香ばしく甘いいい香りになるまでじっくり炒める。

2. ごぼうをはじに寄せて鍋底を空け、にんにくを香りが立つまで炒め、赤ワインを加えざっと混ぜ、一度鍋から取り出す。

3. 鍋に残りのオリーブオイルを熱し、米を3分くらい炒め、**2**の具、ドライトマト、ローリエを加える。

4. 別の鍋にベジブロスと残りの塩を合わせて沸かし、米がひたひたになるくらいまで注ぐ。火加減は軽くグツグツする程度（弱すぎないように気をつける）。

5. 水分が減って表面に穴がいくつもあいてきたら、温めたベジブロスをひたひたに注いで軽く混ぜる。これをもう1〜2回ベジブロスがなくなるまで繰り返しながら、20分くらい煮る。器に盛って黒こしょうとニュートリショナルイーストをふる。

Chapter 7

野菜がモリモリ食べられる！
サラダ&副菜

ヴィーガン料理の主役は何といっても野菜たち。フルウント流の素材の

ユニークな組み合わせと調理テクで、野菜のおいしさの新発見があるはず。

ドレッシングはじめ、サラダ、副菜のレシピを紹介します。

Recipe
55 | # キウイとパクチーのドレッシング

Point

ノンオイルのエスニックなドレッシング。サラダ以外に、カレーにちょこっと添えたりしてもおいしい。大豆ミートのからあげとも相性がいいです。

材料（作りやすい量）

キウイ……………………… 2個
パクチー ………………… 4本
塩 …………………… 小さじ1/2
レモン果汁 …………小さじ2
おろしにんにく
……………………… 小さじ1/8

作り方

キウイ、パクチーをみじん切りにして残りの材料と合わせてよく混ぜる。

Recipe
56 | # きゅうりとディルのドレッシング

材料（作りやすい量）

きゅうり ……………… 200g
ディル ………………… 5本
塩 …………………… 小さじ3/4
白ワインビネガー …… 大さじ2
オリーブオイル ……… 大さじ4
きび糖 ……………… 大さじ1/2

作り方

材料をすべて合わせてミキサーにかける。

Point

こんにゃくと海藻のサラダ（P.96参照）で使うドレッシング。冷奴や冷やしトマトにもおすすめ。

Recipe 57 | ビーツドレッシング

材料（作りやすい量）

ゆでたビーツ（缶詰でも可）… 100g
紫玉ねぎ ……………………… 50g
にんにく ……………………… 1/2片
赤ワインビネガー …… 大さじ2
豆乳 …………………… 大さじ4
なたねサラダ油 ……… 大さじ2
ナツメグパウダー ………… 少量
塩 ………………………… 小さじ1

作り方

材料をすべて合わせてミキサーにかける。

— *Point* —

大根サラダ、ローストしたじゃがいも、素揚げしたごぼうなどに。ビーツ×ナツメグはよくやる大好きな組み合わせ。

Recipe 58 | 柑橘バジルドレッシング

材料（作りやすい量）

柑橘系果物（果汁と果肉合わせて）
……………………………… 100g
塩 …………………… 小さじ1/2
玉ねぎ（すりおろし）………… 10g
なたねサラダ油 ……… 大さじ2
黒こしょう ………………… 少量
ドライバジル …… 小さじ1/4

作り方

柑橘類は皮と薄皮をむき、種をとって果肉をほぐす。他の材料と合わせて、果肉を潰すようによく混ぜる。

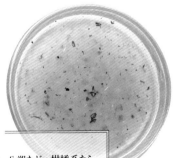

— *Point* —

今回は甘夏で。みかん、オレンジ、八朔など、柑橘系なら何でも。冷製パスタのソースにしてもおしゃれです。

Recipe 59 | 切り干し大根のコールスロー

材料 （2名分）

切り干し大根	20g
紫玉ねぎ	40g
水煮コーン	大さじ1
ソイマヨネーズ （P.25参照）	大さじ1
塩	適量
黒こしょう	適量

作り方

1. 切り干し大根はさっと洗ってザルにあげ、ほどよく戻ったら食べやすい長さに切る。紫玉ねぎは縦に薄切りにして10分くらい水にさらし、水気を絞る。
2. 1と水煮コーンを合わせ、ソイマヨネーズであえる。塩、黒こしょうで味をととのえる。

Recipe 60 | こんにゃくと海藻のサラダ

材料 （2名分）

さしみこんにゃく	150g
お好みの海藻 （乾燥）	3g
きゅうりとディルのドレッシング （P.94参照）	適量

作り方

1. こんにゃくはひと口大に薄く切る。海藻は戻しておく。
2. こんにゃくと海藻を合わせ、きゅうりとディルのドレッシングをかける。

Recipe 61 | れんこんとひじきともち麦のサラダ

材料 （2名分）

れんこん	100g
長ひじき	5g
ゆでたもち麦	30g
玉ねぎ	50g
梅酢	小さじ2
ごま油	大さじ2
すりえごま（すりごまでも可）	適量
塩	適量

作り方

【下準備】
れんこんはいちょう切りにする。玉ねぎは縦に薄切りにして10分くらい水にさらし、水気を切っておく。ひじきはさっと洗ってぬるま湯に浸けて戻し、食べやすい長さに切っておく。

1. れんこん、ひじきはそれぞれさっとゆで、ザルにあげて冷ます。
2. 1と残りの材料を合わせて塩で味をととのえ、すりえごまを散らす。

Point

● **もち麦のゆで方**（作りやすい量）
もち麦1/2カップを洗って水気を切り、沸騰したたっぷりのお湯に入れる。途中かきまぜながら15〜20分、お好みの硬さになるまでゆでる。火から下ろしてザルにあけ、流水でぬめりがなくなるまで洗い、水気をよく切る。

バルガーウィートのタブレ

材料 （2名分）

バルガーウィート	50g
トマト	80g
きゅうり	40g
紫玉ねぎ	20g
パセリ	1本
ミント	10枚
Ⓐ 練りマスタード	小さじ1/2
白ワインビネガー	小さじ2
オリーブオイル	小さじ2
塩	適量
黒こしょう	適量

作り方

【下準備】
紫玉ねぎはみじん切りにして10分ほど水にさらし、水気を切る。きゅうり、トマトは角切りにして塩をひとつまみふってなじませる。パセリとミントはみじん切りにする。

1. 炊いたバルガーウィートと切った野菜、Ⓐをよく混ぜ合わせる。塩、黒こしょうで味をととのえる。

Point

バルガーウィートはひき割り小麦のこと。クスクスに似ていますが、粒が大きく食感もしっかりしています。

●バルガーウィートの炊き方
バルガーウィート1/2カップと水150ccを鍋に入れて、火にかける。沸騰したら火を止めて、蓋をして10分蒸らす。

Point

フェンネルシードはテンパリングが甘いと歯磨き粉のような味が前面に出てしまいます。清涼感と香ばしさがいいバランスで際立てば成功。

63 にんじんのスパイスココナッツ炒め

材料（2名分）

にんじん	100g
ココナッツフレーク	大さじ1
にんにく（みじん切り）	小さじ1/2
なたねサラダ油	小さじ2
フェンネルシード	小さじ1/4
黒こしょう	適量
塩	適量
ヒング（あれば）	ひとつまみ

作り方

1. にんじんは千切りにして塩をひとつまみふってなじませる。

2. フライパンにサラダ油とフェンネルシードを入れて中火にかけ、ジュワジュワしてきたらヒングを加え、香りが立つまで炒める。ココナッツフレーク、にんじんを加え、にんじんがしんなりして甘みが出てくるまで炒める。塩、黒こしょうで味をととのえる。

蒸しなすのソイヨーグルトソース

Recipe 64

材料（2名分）

なす	2本
豆乳ヨーグルト	大さじ3
レモン果汁	大さじ1
Ⓐ ブラックソルト	小さじ1/4
クミンパウダー	小さじ1/4
おろしにんにく	小さじ1/8
パプリカパウダー	適量
黒こしょう	適量
オリーブオイル	適量

作り方

1. なすは蒸し器で10分ほど蒸し、ザルにのせて冷ます。粗熱が取れたら食べやすい大きさに切り、キッチンペーパーに包んで軽く重しをして冷蔵庫で冷やす。

2. Ⓐをよく混ぜてなすにかけ、パプリカパウダーと黒こしょうをふってオリーブオイルを回しかける。

~ Point ~

水切りのひと手間でぐんとおいしくなります。ほどよく水気が抜けて濃厚になり、さっぱりしたソースとのバランスがよくなります。

キャベツの味噌マスタードあえ

Recipe 65

材料（2名分）

キャベツ ……………………… 120g
味噌マスタードソース（P.102参照）…… 適量

作り方

1. キャベツは葉はざく切りに、葉脈の太い部分は薄く切る。沸騰したお湯にキャベツを入れ、10秒くらいゆでたらザルにあげる。塩をひとつまみふりかけ、うちわであおいで素早く冷ます。
2. キャベツが冷めたら軽く水気を絞り、味噌マスタードソースであえる。

Point

キャベツは半生にゆでて。

ブロッコリーのピーナッツあえ

Recipe 66

材料（2名分）

ブロッコリー ……………………… 100g
ピーナッツソース（P.103参照）………… 適量

作り方

1. ブロッコリーはひと口大に切って2分半ほどゆで、ザルにあげて塩をひとつまみふりかけ、うちわであおいで素早く冷ます。
2. ブロッコリーが冷めたらキッチンペーパーで押さえて水気を取り、ピーナッツソースと合わせてよく混ぜる。

Point

ブロッコリーはゆでたら水につけず、熱いうちに一気に蒸気を飛ばすように冷まします。残った水分はペーパーでしっかり拭き取るのもポイント。

ヴィーガン料理のアクセントになるタレ

Recipe 67 | 舞茸のピリ辛ダレ

材料（作りやすい量）

舞茸	1房
ⓐ 豆板醤	小さじ1/4
みりん	大さじ1
料理酒	大さじ1
きび糖	小さじ1/2
白練りごま	小さじ1/2
水	大さじ3
醤油	小さじ1
ごま油	大さじ2
五香粉	小さじ1/8
塩	適量

作り方

1. 舞茸を細かく刻む。
2. フライパンにごま油を熱し、舞茸に塩をひとつまみふってじっくり炒める。
3. ⓐを加え、水気がなくなるまで煮詰め、五香粉を加える。塩で味をととのえる。

Point

P.86の舞茸のあえそばに使用。レタスで巻いて食べるのもおすすめ。

Recipe 68 | 味噌マスタードソース

材料（作りやすい量）

白味噌	大さじ2
粒マスタード	小さじ2
練りマスタード	小さじ2
りんご酢	大さじ2
黒こしょう	適量
水	大さじ2

作り方

材料をすべて合わせてよく混ぜる。

Point

蒸した長ねぎや玉ねぎ、ふろふき大根にも合います。

| ## 青ねぎ花椒ソース

材料（作りやすい量）

青ねぎ 40g
醤油 大さじ2
米酢 大さじ1
きび糖 大さじ1/2
花椒（あれば青花椒） 10粒
ごま油 大さじ2
水 大さじ2

Point

P.74の豆腐のからあげに使用。天ぷら、湯葉、湯豆腐などに。焼いたたけのこやきのこにも合います。つけ麺のつけだれに混ぜるとアクセントに。

作り方

1. 青ねぎはざく切りにする。
2. 材料をすべてミキサーにかけて混ぜ合わせる。

| ## ソイマヨネーズ

材料（作りやすい量）

Ⓐ
豆乳 100g
米酢 50g
塩 小さじ1
きび糖 小さじ1/2
粒マスタード 小さじ2

Ⓑ
なたね油 20g
なたねサラダ油 90g

作り方

1. Ⓐをミキサーに入れ、高速で1分回す。
2. Ⓑを加えて高速で30秒くらい回し、ヘラで上下を混ぜる。もったりしたクリーム状になるまでこの作業を2～3回繰り返す。

| ## ピーナッツソース

材料（作りやすい量）

ピーナッツバター（P.24参照）
 大さじ3
醤油麹（P.24参照） 大さじ2
（醤油麹がなければ、醤油大さじ1、味噌大さじ1）
きび糖 大さじ1
水 大さじ2
豆板醤（お好みで） 小さじ1/4

作り方

材料をすべて合わせよく混ぜる。

Point

ゆでた野菜、スティック野菜。焼いた厚揚げにも。レモン汁を足して生春巻きのタレにしてもおいしい。

Chapter 8

野菜の旨味が溶け出す！
ベジスープ

じんわりとした滋味深い旨みが感じられるベジスープ。するんと体にしみ

こむような優しい味のものから濃厚で複雑なものまで紹介します。朝食な

らこの一杯で十分なほどボリューム満点なメニューもありますよ。

Recipe 72 | 豆乳ミネストローネ

作り方

【下準備】
玉ねぎ、セロリは1センチの角切りにする。ブロッコリーの房の部分は細かく刻み、茎の部分といんげんは玉ねぎやセロリと大きさを揃えて切る。

1. 鍋にオリーブオイルとにんにくを入れて弱火にかけ、香りが立ってきたら中火にして玉ねぎに塩（分量から）をひとつまみふり、ほんのり色づくまで炒める。

2. 玉ねぎをはじに寄せて鍋底を空け、セロリに塩（分量から）をふって炒め、塩と油が回ったら玉ねぎと炒め合わせる。

3. 同じようにして、ケール、ブロッコリー、いんげんを順にさっと炒め合わせる。

4. 白ワインを加えて炒め、アルコールが飛んだらひたひたのベジブロスと残りの塩、ローリエ、オレガノを加えて強火で煮る。沸騰したらそのまま2分くらい煮て、火を弱めて（グツグツが続くくらい。弱くしすぎないように）、20分くらい煮る。途中に具材の頭が出てきたら水（分量外）を足して水位を保つ。

5. 残りのベジブロスを加え、マカロニを加える。マカロニがやわらかくなったら火を止めて豆乳を加え、塩（分量外）と黒こしょうで味をととのえる。

材料（4名分）

玉ねぎ	100g
セロリ	100g
ブロッコリー	100g
ケール（小松菜やキャベツでも可）	50g
いんげん	50g
にんにく（みじん切り）	小さじ1
ベジブロス（P.22〜23参照）	500cc
豆乳	100cc
白ワイン	大さじ1
マカロニ	50g
ローリエ	1枚
ドライオレガノ	2つまみ
オリーブオイル	大さじ1
塩	小さじ1と1/2
黒こしょう	適量

Point

野菜ごとに塩をふり、丁寧に炒めるのがポイント。鍋についた焦げは、水を少しかけてこそげとって。これが旨味となります。

Recipe 73 | 大根ポタージュ

材料（2名分）

大根	150g
玉ねぎ	50g
ベジブロス（P.22〜23参照）	200cc
残りごはん	30g
塩	小さじ1/2〜
オリーブオイル	小さじ2
黒こしょう	適量

作り方

【下準備】
大根、玉ねぎはそれぞれ薄切りにする。

1. 鍋にオリーブオイルを熱し、玉ねぎに塩（分量から）をひとつまみふってしんなりするまで炒める。
2. 大根を加えて残りの塩をふって炒め、油がなじんだら残りごはんとベジブロスを加えて煮る。
3. 大根がやわらかくなったら粗熱をとり、ミキサーにかける。温め直して必要なら水で濃度を調節し、塩で味をととのえる。器に盛って黒こしょうをひき、オリーブオイル（分量外）を回しかける。

Point

ごはんは玄米ごはんを使ってもおいしいです。

Recipe 74 | おぼろ豆腐と春雨のエスニックスープ

材料（2名分）

ベジブロス（P.22~23参照）	300cc
おろしにんにく	小さじ1/4
塩	小さじ1/2 〜
春雨	3g
おぼろ豆腐	100g
レモン（スライス）	2枚
パクチー（粗く刻む）	20g

作り方

1. 鍋にベジブロス、にんにく、塩を入れて沸かす。
2. 春雨を加え、やわらかくなったら、おぼろ豆腐をスプーンでひと口大にすくって加える。
3. おぼろ豆腐が温まったら火を止め、レモンとパクチーを加える。塩で味をととのえる。

ビーツの味噌スープ

Recipe 75

材料 (2名分)

ビーツ………………………………50g
長ねぎ………………………………25g
じゃがいも…………………………50g
昆布だし汁 (P.15参照、ベジブロスでもOK)
………………………………………300cc
味噌………………………大さじ1と1/2
水切り豆乳ヨーグルト……………適量
黒こしょう…………………………適量
青ねぎ (小口切り)…………………適量

作り方

【下準備】
ビーツ、長ねぎ、じゃがいもはそれぞれ太めの千切りにする。

1. 鍋に昆布だし汁を沸かし、ビーツとじゃがいもを煮る。
2. ビーツとじゃがいもが煮えたら長ねぎも加え、ひと煮立ちしたら火を止め、味噌を溶き入れ、青ねぎを散らす。お好みで水切りヨーグルトを落として黒こしょうをひく。

Point

色にちょっとびっくりするけど、しみじみおいしいお味噌汁。水切り豆乳ヨーグルトを添えて、ボルシチ風のおしゃれな味変もおすすめ。

Recipe 76 レンズ豆とレタスのスープ
セーボリー風味

材料（4名分）

玉ねぎ	100g
レンズ豆	20g
レタス	4枚
オリーブオイル	小さじ2
ベジブロス（P.22〜23参照）	600cc
セーボリー（タイムでも可）	小さじ1/4
塩	小さじ1

Point

レンズ豆の旨味とセーボリーの風味
が絶妙にマッチ。最後に加えるレタ
スの食感もポイントです。

作り方

【下準備】
玉ねぎはみじん切りに、レタスは1センチ角に切る。レンズ
豆はさっと洗ってザルにあげておく。

1. 鍋にオリーブオイルを熱し、玉ねぎに塩（分量から）を
   ひとつまみふって炒める。
2. 玉ねぎがうっすらきつね色になったらレンズ豆、セーボ
   リー、残りの塩、ひたひたのベジブロスを加え、15分ほ
   ど煮る。
3. レンズ豆がやわらかくなったらレタスを加え、ひと煮立
   ちしたら火を止める。塩、黒こしょうで味をととのえる。

丸ごとトマトの冷たいスープ

Recipe 77

材料 (2名分)

トマト ……………………………………… 2個
昆布だし汁 (P.15参照) ………………… 200cc
塩 ……………………………………… 小さじ1/3
みょうが ……………………………………… 適量

Point

暑い日にぴったりのさっぱりスープ。
昆布だしがしみたトマトをくずしなが
らどうぞ。温め直してもおいしいです。

作り方

【下準備】
トマトは湯むきしておく（ヘタを落とし、沸騰したお湯に
数秒くぐらせる。皮が破れてきたら氷水にとって、皮をむ
く）。みょうがは薄切りにする。

1. 鍋にトマトと塩と昆布だし汁を入れて火にかける。沸騰
   したら火を弱め、蓋をして5分煮る。
2. 粗熱がとれたらタッパーなどに移し、トマトの頭が出る
   場合は乾かないようにキッチンペーパーをのせ、冷蔵庫
   でひと晩冷やす。
3. 器に盛って、みょうがをのせる。

Chapter 9

罪悪感ゼロの
ヴィーガンスイーツ

豆乳フルーツサンド

クレームダンジュ

牛乳や卵など動物性食材を一切使わずに作られたヴィーガンスイーツ。生クリームは豆乳ホイップクリームに、チーズもソイカッテージチーズにするなど、アイデア満載！ "物足りなそう"というイメージを払拭する健康的でヘルシーなレシピです。

マリトッツォ

豆乳バニラアイス

Menu

豆乳ホイップを使ったスイーツ

豆乳ホイップ

材料 （作りやすい量）

Ⓐ
- 豆乳 ……………………… 200g
- きび糖 ……………………… 35g
- バニラビーンズ ……………… 1cm

Ⓑ
- なたねサラダ油 ……………… 200g
- ココナッツオイル（無香タイプ）
  （湯煎にかけて溶かす） ……… 50g
- レモン汁 ……………………… 10g

Point

豆乳と油の温度差が大きいと乳化しにくいので、豆乳はあらかじめ冷蔵庫から出して室温にしておきましょう。ミキサーにかけただけだとまだゆるいクリームですが、レモンの酸の反応と、ココナッツオイルが冷えることで硬さが出ます。

作り方

1. **Ⓐ**をミキサーに入れ、高速で1分回す。バニラビーンズは楊枝を使って種をかき出す。

2. **Ⓑ**を加えて高速で30秒くらい回し、ヘラで上下を混ぜる。もったりしたクリーム状になるまでこの作業を2〜3回繰り返す。

3. ボウルに移し、レモン汁を加えてよく混ぜ、冷蔵庫で冷やす。

Recipe 79 ｜ クレームダンジュ

材料 （2名分）

豆乳ホイップ	……………	70g
Ⓐ〔 水切り豆乳ヨーグルト	………	70g
きび糖	…………	大さじ2
レモン果汁	…………	小さじ1
Ⓑ〔 ブルーベリー（冷凍でも可）	……	80g
きび糖	…………	小さじ2
水	…………	小さじ2

作り方

1. **Ⓐ**を合わせてきび糖が溶けるまで混ぜ、豆乳ホイップも加えてさらによく混ぜる。
2. キッチンペーパーを敷いたココットに流し入れて茶巾にし、冷蔵庫で2時間以上水切りする。
3. 鍋に**Ⓑ**を入れて弱火にかけ、半分くらいになるまで煮つめ、冷やしておく。
4. **2**のペーパーをそっと外して皿に盛り、**3**のソースを添える。

Recipe 80 ｜ 豆乳バニラアイス

材料 （2名分）

豆乳ホイップ	……………	100g
豆乳	………………	200g
コーンスターチ	…………	小さじ2
きび糖	…………	大さじ2
ターメリックパウダー	………	ごく少量

作り方

1. 鍋にコーンスターチを入れ、豆乳を少しずつ入れてダマがないようによく混ぜる。きび糖、ターメリックパウダーも加えて混ぜる。
2. ゴムベラで絶えず混ぜながら火にかけ、沸騰したら1分煮て粗熱をとる。
3. **2**と豆乳ホイップを合わせてよく混ぜ、バットに入れて冷凍する。
4. **3**を滑らかになるまでフードプロセッサーにかける。

Point

フードプロセッサーがない場合は、冷凍の途中で何度かフォークで混ぜて空気を含ませながら凍らせてください。ターメリックはほんのりクリーム色になるように加えますが、入れなくてもOKです。

Recipe 81 | マリトッツォ

材料 （2名分）

丸パン ··· 2個
豆乳ホイップ ························· 好きなだけ
粉糖 ··· 適量

作り方

パンを半分に切り、たっぷりクリームをはさむ。
スパテラなどで表面をならし、粉糖をふる。

Point

ブリオッシュで作るのが一般的ですが、フ
ルウントではフランスパンの生地に近いパン
を使っています。粉糖はきび糖にコーンス
ターチをほんの少し加えて、ミルにかけたも
の。

Recipe 82 | 豆乳フルーツサンド

Point

すき間にクリームが行き渡るようにしっかり押
さえて。ラップの上から油性ペンでカットの目
印を書いておくといいですよ。

材料 （いちごサンド、2個分）

食パン（8枚切り） ··························· 2枚
豆乳ホイップ ······························ 100g
いちご ·· 3コ

作り方

1. ホイップの半量を食パンに塗る。
2. ヘタをとったいちごを対角線上に並べ、残り
   のクリームをのせる。
3. ラップでぴっちり包み、冷蔵庫で30分ほど休
   ませる。
4. パンの耳を切り落とし、斜めに切る。

材料 （チョコバナナサンド、2個分）

食パン（8枚切り） ··························· 2枚
Ⓐ [豆乳ホイップ ··························· 100g
   [ココアパウダー ······················ 小さじ1
バナナ ·· 1本

作り方

1. Ⓐをよく混ぜ、半量を食パンに塗る。
2. バナナを3等分に切って並べ、残りのクリー
   ムをのせる。
3. ラップでぴっちり包み、冷蔵庫で30分ほど休
   ませる。
4. パンの耳を切り落とし、縦半分に切る。

バナナと紅茶のパウンドケーキ

材料（18cmパウンド型 1台分）

バナナ		2本
	地粉	200g
Ⓐ	塩	小さじ1/8
	ナチュラルベーキングパウダー	大さじ1
紅茶の葉		3g
	豆乳	130g
Ⓑ	なたね油	40g
	きび糖	65g

作り方

【下準備】
バナナは半分は角切り、半分はフォークで潰す。

1. Ⓐを合わせてふるい、紅茶の葉も加えてよく混ぜる。
2. Ⓑをよく混ぜる。
3. 2の液体とバナナを合わせ、そのあとに1の粉類と合わせる。粉気がなくなるまでゴムベラで混ぜ、オーブンペーパーを敷いた型に入れる。
4. 表面をならし、170℃のオーブンで40分焼く。竹串を刺して、生地がついてなければOK。

ハウピアケーキ
パイナップルジンジャーソース

材料（18cm丸型 1台分）

Ⓐ
- 地粉‥‥‥‥‥‥‥‥‥‥‥90g
- 完全粉‥‥‥‥‥‥‥‥‥‥30g
- 塩‥‥‥‥‥‥‥‥‥‥‥小さじ1/4
- なたね油‥‥‥‥‥‥‥‥大さじ2

きび糖シロップ（P.25参照）‥‥‥大さじ2

ココナッツオイル‥‥‥‥‥‥‥40g
（※固まっていたら湯煎にかけて溶かす）

ココナッツミルク‥‥‥‥‥‥‥400g

水‥‥‥‥‥‥‥‥‥‥‥‥‥100cc

コーンスターチ‥‥‥‥‥‥‥‥35g

きび糖‥‥‥‥‥‥‥‥‥‥‥‥70g

塩‥‥‥‥‥‥‥‥‥‥‥ひとつまみ

パイナップル缶‥‥‥‥‥‥‥‥200g

しょうが絞り汁‥‥‥‥‥‥‥小さじ2

シナモンスティック‥‥‥‥‥‥‥1本

きび糖‥‥‥‥‥‥‥‥‥‥大さじ1

レモン果汁‥‥‥‥‥‥‥‥‥大さじ1

作り方

1. Ⓐを合わせ、均等に油がなじんでポロポロになるまで手ですり混ぜる。きび糖シロップを加えてゴムベラで粉気がなくなるまで混ぜてまとめ、オーブンシートの上に5ミリの厚さに伸ばす。フォークで表面に穴を開け、160℃のオーブンで20分焼く。

2. 1が冷めたら厚手のビニール袋に入れ、麺棒で叩いて細かく砕く（フードプロセッサーにかけてもOK）。ココナッツオイルを加えてよく混ぜ、型に敷き詰める。

3. コーンスターチと水を合わせてダマがないようによく混ぜ、ココナッツミルク、きび糖、塩も加える。ゴムベラで絶えず混ぜながら火にかけ、グツグツしてきたら5分ほどしっかり練り上げる。2の上に流し入れ、平らにならす。粗熱が取れたら冷蔵庫で冷やす。

4. ソースを作る。パイナップルを細かく刻み、レモン汁、シナモンスティック、おろししょうがを加えて煮詰める。冷ましてケーキに添える。

Point

型に敷き詰める際には、ラップをかぶせたポテトマッシャーを使ってぎゅっと押しつけるようにするのがコツ。

Recipe 85 | りんごのスパイスケーキ

材料（25×30cmの天板 1枚分）

りんご································· 1個

Ⓐ
地粉································· 200g
塩 ······························ 小さじ1/4
ジンジャーパウダー ············· 小さじ1
シナモンパウダー················ 小さじ1
オールスパイスパウダー
····························· 小さじ1/2
ナチュラルベーキングパウダー
······························· 大さじ1

きび糖···························· 50g
アーモンドプードル ··············· 40g

Ⓑ
豆乳······························ 160g
なたね油 ························· 60g

作り方

1. りんごは芯を取り、皮ごと3ミリの厚さのいちょう切りにする。
2. Ⓐを合わせてふるい、きび糖とアーモンドプードルも加えてよく混ぜる。
3. Ⓑを泡立て器で乳化するまでよく混ぜ、りんごを加える。
4. 3に2の粉類を加え、ゴムベラで粉気がなくなるまで混ぜる。
5. オーブンペーパーを敷いた天板に入れて平らにならし、170℃のオーブンで25分焼く。

― *Point* ―

子どものころ、初めて自分のお小遣いで買ったお菓子作りの本に載っていたりんごのケーキ。何度も作ったあの味を思い出しながら、ヴィーガン仕様にアレンジしました。

酒粕とレーズンのスコーン

材料（6個分）

Ⓐ
- 地粉 ……………………………… 160g
- ナチュラルベーキングパウダー
  …………………………………… 小さじ2
- 塩 …………………………… ひとつまみ

Ⓑ
- なたね油 ……………………… 大さじ3
- きび糖シロップ（P.25参照）…… 大さじ2
- 豆乳 …………………………… 大さじ1
- レモン汁 ……………………… 大さじ1

酒粕 …………………………………… 30g
レーズン ……………………………… 20g

作り方

1. **Ⓐ**を合わせてふるう。
2. 別のボウルで**Ⓑ**を合わせ、泡立て器でよく混ぜて乳化させる。
3. **2**にレーズンと酒粕を加え、フォークで酒粕を潰す。
4. **3**に**1**を加えてゴムベラで混ぜる。粉気がほぼなくなったら生地を数回重ねるようにしてまとめる。
5. 3センチの厚さにのばし、6等分に切り分ける。170℃のオーブンで20分〜25分焼く。

Recipe 87 | 白ごまとカルダモンのビスコッティ

材料 （約12枚分）

A
- 地粉 ···························· 150g
- カルダモンパウダー
  ···························· 小さじ1
- 塩 ···························· 小さじ1/4
- ナチュラルベーキングパウダー
  ···························· 小さじ1

B
- 全粒粉 ···························· 50g
- 白いりごま （半ずりにする） ····· 40g

C
- なたね油 ···························· 大さじ3
- きび糖シロップ （P.25参照）
  ···························· 大さじ3

豆乳 ···························· 70cc

作り方

1. **A**を合わせてふるい、**B**も合わせて泡立て器でよく混ぜる。

2. 別のボウルで**C**を合わせ、泡立て器でよく混ぜて乳化させる。さらに豆乳を加え、よく混ぜる。

3. **2**に**1**を加えて、ゴムベラで粉気がなくなるまで混ぜる。

4. ナマコ型にまとめ、170℃のオーブンで15分焼く。

5. 触れるくらいに冷めたら1センチの厚さに切り、天板に並べて140℃で30分焼く。

Recipe 88 | ココナッツとバジルのサブレ

材料 （約15枚分）

Ⓐ
- 地粉 ……………………………… 150g
- 片栗粉 ……………………………… 大さじ1
- ナチュラルベーキングパウダー …………………………………… 小さじ2
- 塩 ……………………………… 小さじ1

Ⓑ
- ココナッツフレーク …………… 30g
- ドライバジル ……………………… 小さじ1

Ⓒ
- なたね油 ……………………………… 大さじ3
- きび糖シロップ （P.25参照）……… 大さじ3

作り方

1. Ⓐを合わせてふるい、Ⓑも合わせて泡立て器でよく混ぜる。
2. 別のボウルでⒸを合わせ、泡立て器でよく混ぜて乳化させる。
3. 1に2を加えて粉気がなくなるまでゴムベラで混ぜる。
4. 棒状にまとめ、ラップで包んで冷凍する。
5. 凍ったままの状態で8ミリの厚さに切り、160℃のオーブンで25分焼く。

Point

ココナッツとバジルの組み合わせが気に入っています。

こちらも10年以上作り続けている人気の
クッキー。夫も私の焼き菓子の中ではこ
れが一番のお気に入りだそう。

Recipe 89 | オートミールとローズマリーのクッキー

材料 （約15個分）

A
- 地粉 ················· 50g
- ナチュラルベーキングパウダー ············· 小さじ1/2
- 塩 ················· 小さじ1/8

B
- 全粒粉 ················· 20g
- オートミール ················· 40g

ピーカンナッツ ················· 20g

ドライローズマリー ················· 小さじ1/2

レーズン ················· 20g

C
- なたね油 ················· 40cc
- きび糖シロップ（P.25参照）········· 40cc

作り方

【下準備】

ピーカンナッツはローストして粗く刻む。レーズンは少量
の熱湯に5分くらい浸け、水気を絞る。

1. **A**を合わせてふるい、**B**も合わせてよく混ぜる。

2. 別のボウルで**C**を合わせ、泡立て器でよく混ぜて乳化さ
せ、ピーカンナッツ、ローズマリー、レーズンを加えて
混ぜる。

3. **1**に**2**を加えて粉気がなくなるまでゴムベラで混ぜる。

4. 15等分に丸めて天板に並べ、水で濡らしたフォークで押
さえて平たくする。170℃のオーブンで20分焼く。

味噌とおからのグリッシーニ

Recipe 90

材料（約15本分）

Ⓐ	地粉	100g
	全粒粉	30g
	オリーブオイル	大さじ2
黒こしょう		小さじ1/8
ヘンプシード		10g
Ⓑ	おから	30g
	味噌	25g
	水	30cc
地粉（打ち粉）		適量

作り方

1. **Ⓐ**を合わせ、均等に油がなじんでポロポロになるまで手ですり混ぜる。黒こしょうとヘンプシードも加えて混ぜる。

2. **Ⓑ**をよく混ぜ、**1**に加えて粉気がなくなるまでゴムベラで混ぜ、手でまとめる。

3. 地粉をふった台の上で8ミリの厚さにのばし、1センチ幅にカットする。手で優しく転がして棒状に成形する。

4. 天板に並べ、160℃のオーブンで10分、150℃に下げて10分焼く。

Point

味噌がチーズのような風味を演出。ワインやビールのおつまみにもぴったりの焼き菓子です。

丸ごといちじくの赤ワインジュレ

材料（2名分）

いちじく	………	2コ
赤ワイン	………	90cc
きび糖	………	30g
シナモンスティック	………	1/2本
クローブホール	………	1粒
グリーンカルダモンホール	………	1粒
寒天パウダー	………	1/8小さじ

(Ⓐ：赤ワイン、きび糖、シナモンスティック、クローブホール、グリーンカルダモンホール)

作り方

1. 鍋にいちじくとⒶを入れて中火にかける。
2. 沸騰したら火を弱め、キッチンペーパーで落とし蓋をして10分煮て、火を止めてそのまま冷ます。
3. いちじくを器に入れる。煮汁は濾して、水を加えて合計120ccにする。
4. 煮汁に寒天パウダーを加え火にかける。沸騰したら1分煮て、いちじくを入れた器に注ぎ入れる。
5. 粗熱が取れたら、冷蔵庫に入れてよく冷やす。

Chapter 10

ヴィーガン料理に欠かせない
食材＆ハーブ・スパイス便利帳

ヴィーガン料理は、使用できる食材に制限があり、タンパク質や鉄分、ビタミンなどの不足につながりやすいことも。おいしく食べて栄養バランスも整えられる頼もしい食材を紹介します。また、味のバリエーションを広げるため、ハーブやスパイスも欠かせません。フルウントで常備しているハーブやスパイス、そして活用法を解説します。

ヴィーガン料理におすすめの食材カタログ

味付けに、栄養補助に、そして最後のひとふりにも役立つお気に入りの食材を紹介します。自然食品店やネット通販などで購入できます。

 ## ニュートリショナル　イースト

チーズのような味わいの粉末状の酵母。サラダ、ミートソースパスタ、ラザニア、ホワイトソースやカレーなどに粉チーズのようにふりかけるだけで、手軽にコクをプラスできます。

ビタミンB_{12}を豊富に含むなど、栄養価も高いのも特徴です。ビタミンB_{12}は肉や魚、卵、牛乳、レバーや貝に多く含まれているため、これらを口にしないヴィーガンが不足しがちな栄養素。味も栄養もよいので、ぜひ使ってみてください。

 ## フラックスシード

日本語では「亜麻仁」、英語では「フラックスシード」と呼ばれる食材です。オメガ3系脂肪酸を中心として、現代の食に不足している栄養素をたくさん含んでいるため、近年"スーパーシード"として人気です。オイルはよく知られていますが、種を丸ごと摂ることができるこちらは栄養価的にもよりおすすめ。クセがなく、手軽に使えるのも魅力です。フルウントではグリーンサラダにふりかけています。

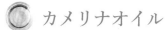 カメリナオイル

　カメリナオイルはアブラナ科の植物カメリナサティバの種から抽出したオイルのこと。オメガ3系（αリノレン酸）とオメガ9系（オレイン酸とイコセン酸）を豊富に含みます。また、天然抗酸化成分となるビタミンEも豊富で、カロテノイド、ポリフェノールといった強力な天然抗酸化成分も含まれているため、熱や酸化にも強いのが特徴です。フラックスシードオイルも同様にオメガ3成分が豊富なオイルですが、加熱には不適。一方、カメリナオイルは加熱に強いため、コンフィやアヒージョで使用することもできます。ただし、長時間より短時間の加熱がベスト。

　独特の風味は醤油、生のトマト、きのこ類、わさびなどと相性がいいです。

 ブラックソルト

　名前の通り、黒くて硫黄（いおう）の香りが漂うのが特徴のヒマラヤの岩塩。硫黄、鉄、カリウム、胴、亜鉛を多く含み、酸化還元力が高いといわれています。酸化還元力とは酸化（サビ）の進行を抑える効果のこと。卵風味が再現できるため、タルタルソースにはマストの調味料。水切りした豆腐にアクセントでかけると、まるでゆで卵のよう！　豆腐と炒ると、炒り卵風味に変身しますよ。

フルウントでよく使う ハーブ事典

食べ慣れたいつもの料理も、ハーブを加えることでぐんとおしゃれな表情に変わります。同じハーブでもフレッシュとドライではだいぶ風味が違い、それぞれのよさがあります。素材によって使い分けたり組み合わせたりして、お気に入りの相性を見つけてください。

●フレッシュハーブとドライハーブの特徴

フレッシュハーブ	新鮮な香りが楽しめる。 季節感がある。 サラダなど野菜として活用が可能。
ドライハーブ	長期保存ができる。 収穫の季節に左右されず、年間を通して手に入れやすい。 成分が凝縮されている。

フレッシュハーブ

パクチー （コリアンダー）

【分類】セリ科
【別名】シャンツァイ、香菜、カメムシソウ
【原産地】地中海沿岸・西アジア

エスニックの定番ハーブ。普段青ねぎを散らすものに（うどん、冷奴など）使うと雰囲気が変わっていいですよ。苦手な方は単体ではなく、しょうが（おろしやみじん切り）と合わせてみて。根っこは刻んで炒め物に入れたり、ベジブロスに使ったりもできます。

イタリアンパセリ （Italian Parsley）

【分類】セリ科
【別名】オランダゼリ
【原産地】ヨーロッパ南東部・西アジア

古代ギリシャの時代から医療用、食用として活用されてきた、代表的なハーブのひとつ。通常のパセリと違い、イタリアンパセリはやや大きく細長く裂けた葉が特徴。彩りで使うほか、刻んだものをサラダに混ぜ込んだり、磯辺揚げの衣に青海苔と半々で使ったり。たっぷり手に入ったら、ガーリック炒めやおひたしもいいですよ。

ディル（Dill）

【分類】セリ科
【別名】イノンド
【原産地】地中海沿岸・西アジア

古代エジプトから薬用に使われたハーブ。フェンネル
と似ていますが、甘さが少ないのが特徴。サラダやマ
リネ全般に。海藻、特にもずくやわかめと合わせる
のが気に入っています。ブラックソルトとの相性も
good。蒸したじゃがいもにカメリナオイルを回しかけ、
ブラックソルトと刻んだディルをふりかけてみて。

ローズマリー（Rosemary）

【分類】シソ科
【別名】マンネンロウ
【原産地】地中海沿岸

ローズマリーは集中力・記憶力を高めるハーブとして知られています。香りはすっきりとし、乾燥
しても香りが持続するため、フレッシュでもドライでも活用されます。ウッディーな強い芳香は濃
厚な味の煮込み料理に向いています。焼き菓子に混ぜ込んだり、みかんやオレンジなど甘みのある
柑橘類と合わせるのも好き。使い切れない小枝はオイルに漬けるかドライにして保存します。

タイム（Thyme）

【分類】シソ科
【別名】タチジャコウソウ
【原産地】ヨーロッパ・アジア

独特の清涼感が特徴。インゲンやスナップエンドウのような青臭いものとよく合
うように思います。素揚げにドライをふりかけたり、マリネにはドライでもフレッ
シュでも。ローズマリーと合わせて煮込み料理やローストに使うことも多いです。
ちなみに料理ではないですが、私は小さいころ、庭のタイムをドライにして塩と
混ぜ、歯磨き粉を作っていました。

ドライハーブ

オレガノ （Oregano）

【分類】 シソ科
【別名】 ハナハッカ
【原産地】 ヨーロッパ・中央アジア

イタリア料理には欠かせないスパイス。オレガノはフレッシュよりドライの風味のほうが好みです。定番のトマト系にはもちろん、青菜と組み合わせるのがとても好き。小松菜やほうれん草のソテーに加えてみてください。わさびとの組み合わせもなかなかいけますよ。

バジル （Basil）

【分類】 シソ科
【別名】 メボウキ
【原産地】 アジア・南ヨーロッパ・北アフリカ

バジルはイタリア料理や地中海料理には欠かせないハーブ。フレッシュは熱を加えると色味が落ちるため、オイルに漬け込んで使うことが多いです。農家さんからたくさん届いたら、ペーストと粗みじんの2タイプのオイル漬けにして冷凍保存しています。定番のトマトはもちろん、ししとうやピーマンの風味と相性がいいように思います。ドライバジルとココナッツとの組み合わせもお気に入りで、クッキーやパウンドケーキに入れることが多いです。

セーボリー （Savory）

【分類】 シソ科
【別名】 木立薄荷（きだちはっか）、セイボリー、サリエット
【原産地】 ヨーロッパ東南部、イラン

タイムと似ていますが、気持ち渋さ（渋味ではなく、かっこいい渋さのこと）を感じる風味。「豆のハーブ」といわれていて、私は特にレンズ豆のようなあっさりした豆と合わせることが多いです。

フルウントでよく使う スパイス事典

スパイスは基本的にホールとパウダータイプがありますが、フルウントではだいたいホールで購入して、料理ごとに電動ミルやすり鉢を使って粉末にして使い分けています。挽き立ての香りは格別ですよ。スパイスの組み合わせは無限にあるので、自分好みに調合するのも楽しいですね。

フェネグリーク （Fenugreek seed）

【分類】 マメ科
【別名】 胡盧巴（ころは）、メッチ
【原産地】 東南ヨーロッパおよび西アジア

キャラメルのような香りと苦味を持つスパイス。こんがり色づくまでしっかり炒めることで苦味が和らぎ、甘い香りが際立ちます。じゃがいもやかぼちゃと炒めるのは定番。白味噌との相性もいいですよ。

八角 （スターアニス）

【分類】 マツブサ科
【別名】 大茴香（だいういきょう）、チャイニーズアニス
【原産地】 中国

かわいいビジュアルが特徴的ですが、見た目に負けないユニークな風味です。きのこ、ひじきと合わせるのが好き。自家製梅シロップやアプリコットソースのアクセントにもよく使います。

クミンシード（Cumin seed）

【分類】セリ科
【別名】馬芹（うまぜり）
【原産地】エジプト

カレーの代表的スパイス。じゃがいもやカリフラワー、根菜の炒め物にもよく合います。ホール、パウダーともにひんぱんに使うスパイスです。

クローブ（Clove）

【分類】フトモモ科
【別名】丁字（ちょうじ）、丁香、百里香
【原産地】モルッカ諸島（インドネシア）

甘く濃厚な香りとしびれるような刺激的な風味が特徴のスパイス。からあげ、大豆ミートボール、トマトソースなどにパンチを効かせたい時に。白味噌以外の味噌や醤油麹とも合います。味の強いスパイスなので使う量に気をつけて。

グリーンカルダモン

ブラウンカルダモン

グリーンカルダモン（Green Cardamom）

ブラウンカルダモン（Brawn Cardamom）

【分類】ショウガ科
【別名】小豆く（しょうずく）
【原産地】インド

グリーンカルダモンの華やかで上品な香りはチャイに欠かせません。自家製ジンジャーシロップや、青菜のカレーによく使います。一方、ブラウンカルダモンは、スモーキーな芳香。フェネグリークと合わせるのが最高に気に入っています。じゃがいも、かぼちゃ、さつまいもと合わせるほか、きのこの炊き込みご飯に入れるのもおすすめです。

赤花椒

青花椒

青花椒 （Chinese pepper）

赤花椒

【分類】ミカン科
【別名】チャイニーズペッパー、中国山椒、セシュアンペッパー
【原産地】中国

爽やかな香りと舌がしびれるような刺激的な辛みが特徴。中華風に欠かせないスパイスです。赤花椒は定番の麻婆豆腐のほか、ひじきの煮物にも。より爽やかな風味の青花椒は青ねぎと合わせてソースにしたり、ローズマリーと組み合わせるのもいいですよ。

オールスパイス （Allspice）

【分類】フトモモ科
【別名】百味胡椒（ひゃくみこしょう）、ピメント、ジャマイカペッパー
【原産地】西インド諸島

ゴージャスな芳香。バーガーのパテ、からあげ、大豆ミートソース、焼き菓子と、フルウントでは特に登場回数の多いスパイスです。照り焼きやきんぴらなど、甘辛味のアクセントに使うのもいいですよ。

マスタードシード （Mustard seed）

【分類】アブラナ科
【別名】からし
【原産地】地中海沿岸、インド、中国、ヨーロッパ、中近東

炒め物にはブラウンマスタードシードを、自家製マスタードにはブラウンとイエローをブレンドして使います。マリネやピクルスにもよく使います。

シナモン （Cinnamon）

【分類】 クスノキ科
【別名】 肉桂、桂皮、カシア
【原産地】 ベトナム

スパイスとして利用されるのは、幹や枝の皮をはぎ取り乾燥したもの。甘くエキゾチックな香りが特徴のおなじみのスパイス。料理から焼き菓子、ドリンクまで幅広く使います。

ターメリック （Turmeric）

【分類】 ショウガ科
【別名】 ウコン、クルクマ
【原産地】 熱帯アジア

カレーはもちろん、キャベツや白菜の蒸し煮に。しょうがと合わせると気品ある香りが際立ちます。卵風の色付けにも役立ちます。

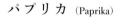

パプリカ （Paprika）

【分類】 ナス科
【別名】 ハンガリアンペッパー、スパニッシュペッパー、ピメント
【原産地】 熱帯アメリカ

鮮やかな赤色と甘さのある香りが特徴のスパイス。辛くないので、唐辛子の代わりに使ったり、トマトソースにコクを出すためのかくし味にします。ケイジャン風味にも欠かせません。

ナツメグ （Nutmeg）

【分類】ニクズク科
【別名】にくずく
【原産地】モルッカ諸島（バンダ諸島）

甘くスパイシーで刺激的な香りが特徴。根菜のような土臭いもの、特にビーツとの相性がいいと思います。クリーミーなものとも合うので、ホワイトソースやシチューにも。焼き菓子にもよく使います。

コリアンダーシード （Coriander）

【分類】セリ科
【別名】シャンツァイ、香菜、カメムシソウ
【原産地】地中海沿岸・西アジア

パクチーの種子の部分。柑橘とお花が混ざったような香り高いスパイスです。カレー、マリネ、ラペなどに幅広く使え、特にシードは食感も楽しめるので気に入っています。

フェンネルシード （Fennel seed）

【分類】セリ科
【別名】茴香（ういきょう）、フヌイユ、フィノッキオ
【原産地】地中海沿岸

清涼感のある独特の甘い風味は八角とも似ています。にんじんやごぼうと炒めたり、クッキーに加えたりして使います。

　あとがきにかえて ～キッチンから世界平和へ～

あとがきにかえて ～キッチンから世界平和へ～

　本書を読んでいただきありがとうございました。本は読む人がいて初めて成り立つと言われますが、レシピ本に関してはもう一歩先、私のレシピがひとつでもみなさんのキッチンでお役に立てた時に完結するのかもしれません。

　最後に、料理教室でいつもお伝えしていることや、お店のことについてお話しさせてください。

理を料る

　料理するということは、素材の命を一度お預かりして次の命につなげる神聖な役目だと考えています。

　料理とは字の如く、ことわり（理）をはかる（科）こと。自然の道理に目を向け、おしはかる。もう少し具体的にいうと、素材を知り、それを活かす術を考えることです。

　自分自身や誰かのために心を込めて料理することももちろんとても尊いですが、「目の前の素材のために自分の時間と手間を捧げる」というような心構えで料理に臨むと、キッチンで過ごす時間も、そしてできあがる一皿も、また少し違ってくるように思うのです。

　とはいえ、難しく考える必要はありません。一方で料理はクリエイティブなアートでもあります。野菜を洗いながらそのみずみずしさや重さを感じたり、美しい切り口にハッとしたり、お鍋の中で変わっていく香りの過程を堪能したり、農家さんのことを想像してみたり……、そんなふうに肩肘張らず、五感を素直に使って料理と向き合う時間を楽しんでいただけたらと思います。

Fluuntのこと ～理想の食卓～

　Fluunt KOFUは料理を担当する私と、経営全般を担当する夫、夫婦二人三脚で運営しています。結婚当初サラリーマンだった夫は、社会で循環に寄与していく商いの起業を目標にしていました。夫が感心を持っていた環境問題や社会問題は、私が実践するマクロビオテックやヴィーガンとの親和性も高く、自然と同じ方向を目指して進むことになりました。

　多様性が盛んに叫ばれる現代。日本にいると意識する機会はそれほど多くはありませんが、世界には宗教、思想、嗜好、体質、さまざまな理由で食に制限を持つ方が思いのほかたくさんいます。

　より多くの人が、それぞれの背景を超えて笑顔で囲める食卓。それが私が胸に抱くひとつの平和のイメージです。もちろんヴィーガン料理だけが正しいわけではありません。それぞれのライフスタイルを尊重しながら、自分らしい選

択肢を選べるということがとても大切だと思っています。

　さて、いろいろなご縁とタイミングがまるでパズルのピースのように奇跡的に合わさってオープンを迎えたこの店ですが、5年前の開業当初の客層はごく限られたものでした。でも今はヴィーガンもノンベジも、年齢も性別も国籍も、本当にさまざまな人が足を運んでくださるようになりました。この客層の広さこそ、Fluuntの自慢のひとつです。

　忙しいランチタイムにふとキッチンから客席を眺めると、自撮りしながらバーガーを食べる高校生グループ、オープン当初から通い続けてくださる自然食好きのご婦人、パソコンとにらめっこしているビジネスマン、健診帰りの妊婦さん、ご近所のお店の店主さんやスタッフさん、外国人の常連さん、ひとりでゆっくり読書を楽しむ方、お子さん連れのファミリーと、いろいろな人がそれぞれの時間をFluuntで過ごしている光景が目に映ります。ああ、気づいたら、ある意味この店で理想を実現できたのかもしれないなと、フライパンを握りながら密かに心をほくほくさせているのです。

私たちのこれから ～流れと循環～

　Fluuntをオープンしたことで、私の世界は一気に広がりました。お客様はもちろん、農家さんや業者さんとのつながりも密になり、商店街やご近所の方々との関わりも生まれました。もともとそれほど社交的ではなく、キッチンにこもってずっと料理していられれば幸せというタイプだった私ですが、今では街のみなさんとの日々の関わりに喜びを感じています。

　また、何事に対しても「もっとよくしたい、よりおもしろくしたい」という気持ちの強い、向上心の塊のような夫になかば引きずられるように、より多くの方にもっとワクワクをお届けできるように、Fluuntオリジナルの商品の開発や料理教室のバージョンアップも進めています。

　Fluuntとは、「流れ」という意味のラテン語。人、物、経済、社会のよりよい循環の流れを生み出したいという願いを込めてつけた名前です。ここで生まれた流れはまだまだ小さなものですが、まずはこの流れをよりよい形で地域に還元していくこと、そして循環の輪を少しずつ広げていくことを目標に、今日も甲府の商店街の片隅の小さなキッチンで食材たちと向き合っています。

　みなさんのキッチンは世界とつながっています。

　何気ない日々の営みが、世界の未来を平和につなげていくための鍵となり得る、ということをお伝えして、あとがきを終えたいと思います。

2021年8月　Fluunt KOFU 平野由布

Fluunt KOFU フルウント甲府

地元の人からも
海外客からも愛される
ヴィーガンフードカフェ

2016年3月に山梨県甲府市中央商店街にオープンしたヴィーガンフードのカフェ。地元の人々の憩いの場として愛されるほか、VEGETARIAN AWARDSにも2年連続でノミネートされるなど、日本各地や海外から足を運ぶ人もいるほどの人気店。丁寧な食材選び、食材とスパイスやハーブなどのユニークな組み合わせや味付けのセンスには定評がある。ヴィーガンバーガーなど大豆ミートを使った料理も評判で、地元のテレビをはじめ、メディアでも多数

取り上げられる。カフェの営業だけでなく、甲府駅前で行われるベジマルシェ「グリーベジ甲府」の主催や、料理教室も不定期で開催し、シームレスなベジカルチャーを発信している。Fluuntは「流れ」を意味するラテン語。甲府の商店街にある小さなキッチンを起点に、人、物、経済、社会のよりよい循環の流れを生み出すことを目指して日々奮闘中。

住所　　山梨県甲府市中央1-1-7 飯田ビル1F
電話番号　055-232-7789
座席数　　26
URL　　http://www.fluunt.net/
※定休日、営業時間は変動があるため、WEBサイトをご確認ください。

【著者略歴】

平野由布 （ひらの・ゆう）
Fluunt KOFU

山梨県出身。
小さなころから大の料理好き。レストラン
を開くことを夢見て上京し、調理師専門
学校で学び、都内のフレンチレストランに
勤務。食材との付き合い方や都会での暮らしに疑問を持ち始めていたころにマクロビオティックと出会い、深い哲学と思想に衝撃を受ける。その後、リマ・クッキングスクールに通い、師範科を修了。焼き菓子の注文販売やイベント出店を経て、2009年に実家で家族と共に農カフェhakariをオープン（カフェは10周年の節目にクローズ）。
2016年に脱サラした夫と甲府の中心街でFluunt KOFUをオープン。「ヴィーガン料理は世界平和につながる」と信じ、ひとりでも多くの人に楽しんで取り入れてもらえるよう、カフェの運営だけでなく、料理教室やメニュー開発など、幅広く活動中。

ベジカフェ「Fluunt KOFU」の
フルウント コウフ
家庭で楽しむヴィーガンレシピ
かてい たの

2021年8月31日　初版第1刷発行

著　者　平野由布
発行者　小宮英行
発行所　株式会社 徳間書店
　　　　〒141−8202　東京都品川区上大崎3-1-1 目黒セントラルスクエア
　　　　電話　【編集】03-5403-4350　【販売】049-293-5521
　　　　振替　00140-0-44392

印刷・製本　図書印刷株式会社

©2021 Yu Hirano, Printed in Japan
ISBN978-4-19-865328-6
乱丁、落丁はお取替えいたします。